STARTUP LIFE

SURVIVING AND THRIVING IN A RELATIONSHIP WITH AN ENTREPRENEUR

创业人生

掌控生活与工作的平衡

[美] 布拉德·菲尔德（Brad Feld） 艾米·巴彻勒（Amy Batchelor）◎著

邓 非 左丽冰◎译

机械工业出版社
CHINA MACHINE PRESS

在《创业人生：掌控生活与工作的平衡》中，布拉德·菲尔德和他的妻子艾米一起与读者分享了他们的经验。两位崇尚工作与生活的平衡、在努力工作的同时也努力去玩、追求丰富人生体验的成功人士，在书中坦诚分享了他们的各种心得体会。他们用20年的经验告诉那些醉心于无止境工作节奏的创业者：工作和生活可以和谐共处。书中展示了成功的企业家夫妇的真实案例，探寻工作对他们的意义，提供了适应变化和克服创业生活动荡的实用建议。

北京市版权局著作权合同登记　图字：01-2017-3158号。

图书在版编目（CIP）数据

创业人生：掌控生活与工作的平衡 /（美）布拉德·菲尔德（Brad Feld），（美）艾米·巴彻勒（Amy Batchelor）著；（中国）邓非，左丽冰译．—北京：机械工业出版社，2018.9

书名原文：Startup Life：Surviving and Thriving in a Relationship with an Entrepreneur

ISBN 978-7-111-60690-1

Ⅰ．①创…　Ⅱ．①布…②艾…③邓…④左…　Ⅲ．①创业－关系－生活方式－通俗读物　Ⅳ．①F241.4-49②C913.3-49

中国版本图书馆CIP数据核字（2018）第184348号

机械工业出版社（北京市百万庄大街22号　邮政编码100037）

策划编辑：李新妞　　责任编辑：廖　岩

责任校对：李　伟　　责任印制：常天培

北京铭成印刷有限公司印刷

2018年9月第1版·第1次印刷

170mm×242mm·13.75印张·219千字

标准书号：ISBN 978-7-111-60690-1

定价：59.00元

凡购本书，如有缺页、倒页、脱页，由本社发行部调换

电话服务	网络服务
服务咨询热线：（010）88361066	机工官网：www.cmpbook.com
读者购书热线：（010）68326294	机工官博：weibo.com/cmp1952
（010）88379203	金书网：www.golden-book.com
封面无防伪标均为盗版	教育服务网：www.cmpedu.com

前言

Surviving and Thriving in a Relationship with an Entrepreneur

那是 2000 年的夏天。纳斯达克指数触顶下滑，虽然股价并没有直线下降，但非常明显的是，互联网相关题材的上市公司都承受着巨大压力。作为多家公司的投资人，布拉德在东海岸这一周真是累惨了，每天竟然要工作 18 个小时。我们计划周末和一些老朋友到罗德岛的纽波特放松一下。布拉德也想借此喘一口气。

一辆林肯轿车在洛根国际机场接上我后，蜿蜒着开向位于波士顿郊区的办公室，顺路接上布拉德。他从办公室出来，一边打电话，一边拉着行李，一直到坐上车，他也没有停止打电话，简单地和我打个招呼之后，他继续打电话。接下来就是开往纽波特的 90 分钟行程。

走到半途，布拉德终于打完电话了。他收起电话，看着有些懊恼的我，打了个更热情的招呼。我们刚刚聊了一会儿，电话又响了。他迅速接通，又开始了一个新的电话会议，就这样一直到了我们的朋友位于纽波特的家。

纽波特的夏日午后非常美丽。在朋友家的后院里，我们躺在椅子上，惬意地喝上一杯。布拉德从包里拿出一堆文件放在自己面前。2000 年的时候，智能手机还没有普及到今天的程度，Wi-Fi 也还没有普及。布拉德通常会在休息的时候，比如这个周五的午后，集中搞定他要处理的文件。

我和朋友闲聊着，布拉德在旁边一页一页翻着他的文件，仿佛永远看不完一样。就这样，到了晚饭时间，我们驱车前往位于纽波特市区的一家海鲜饭店。刚刚开始上菜，布拉德的电话又响了。他接起电话，抱歉地离开了餐桌，到饭店外面去听电话。30 分钟之后他才重新回到饭店和我们一起用餐。我的脸上写着“我很生气！”因为布拉德说过，他要在周末放松，不被任何事打扰。

当我们睡下约一个小时甚至更久的时候，布拉德才意识到了问题。

“我受够了！”我说。

“是啊，这周过得真糟糕。两家公司内部出问题，好像所有事情都不对。我感觉身体被掏空了。我也真是受够了。不过幸好是周末了！”布拉德回道。

“不，我受够了，不是说这一周，而是现在这种生活状态。你甚至连一个好的室友都算不上。我爱你，但是我再也不想这样生活下去，我受够了！”

接着我们陷入了沉默。布拉德知道，此时此刻最重要的目标不是解决问题。尽管不自在，但他还是没有打破沉默，某种程度上也是因为他实在不知道该说些什么。

最后，布拉德静静地说道：“是的，每当这个时候，我心里也非常乱。我其实还熬得住，但是如果你真是受够了，接下来我愿意努力去改变。希望你能再给我一次机会。”

我给了布拉德机会。十年后，我们感受到前所未有的幸福。当然，我们也有过不愉快的时光，不过为数极少。

在罗德岛的那一夜，是我们婚姻生活中最糟糕的时刻。这本书是我们两个一起努力创造幸福生活的故事，是我们的婚姻关系如何幸存下来的故事，是一个创业者如何在充斥着异常情绪、压力重重的世界中，拥有丰富人生的故事。

谁适合读这本书

这本书专门写给那些想要拥有良好人际关系的创业者们。也写给那些想要和创业者建立良好关系的朋友们。无论你是否在某种关系中，是否成家或者向往进入一段关系中，我们都希望这本书能够帮助你。

如果你的人际关系遇到了麻烦，这本书可以帮助你；如果你的人际关系还不错，这本书可以帮你做到更好；如果你现在的人际关系已经很好了，这本书可以让你保持这种状态。

虽然我们重点针对创业者的伴侣关系，但书中的忠告、故事、建议和方法可以适用于任何一种关系。

我们已经结婚 22 年了。我们的关系也经历了种种起落，12 年前我们差点儿分开。我们都曾经非常卖命地工作，希望能够到达一个令人向往的人生巅峰。我们一直苦苦思索、艰难地对话。我们花了很多时间，向朋友们（尤其是创业者伴侣）了解他们的情况。我们收获了很多，也犯了很多错误，当然也想清楚了很多事情。

很多年前我们就决定把这些写下来，这样就可以分享给更多的人。而这一系列图书[㊀]，就是我们努力的成果。

本书概览

在简单开篇后，首先会阐述我们的关系哲学，其中包含了几个在任何一段关系中都很重要的核心概念。接下来介绍沟通。我们深信，任何关系都必须建立在沟通的基础之上。

我们会用一章内容来聊创业者的生活状态，接着是创业者的个性特征。然后深入探讨一些非常重要的价值观，我们认为这决定了创业者伴侣能否拥有良好的关系。

接下来会花些时间在技巧、策略和工具上，这些都是我们过去很多年来逐渐摸索、学习并且亲身应用、验证过的。我们还会谈到一些常见问题和冲突，并用一章的篇幅介绍诸如疾病、关系破裂和离婚等重大问题。

然后，我们会围绕金钱、亲子关系、家庭、性与浪漫四个主题独立分章介绍。虽然我们没有自己的孩子，关于孩子的这一章内容，全得益于很多有孩子的创业者伴侣。

最后，以完满人生作为本书的结束。

更多地了解这本书

本书是创业系列丛书的第二本。网址是：http://startuprev.com。你可以找

㊀ 包括《风投的技术》《创业唯快不破》《创业机会》《创业人生》，均由机械工业出版社引进出版。——译者注

到更多的资料，包括创业人生的网站：http://life.startuprev.com。网站上有一个博客，我们会经常更新一些故事，多是关于用不同的方法拥有传奇的创业人生的故事。另外还有一个论坛（http://hub.startuprev.com），对构建创业者社群感兴趣的读者可以加入讨论。布拉德会在这个论坛里为大家提供帮助。

加入我们，一起去探索、讨论和共创，开启创业之旅。

致谢

写这本书真是一段奇妙之旅。多年前我们就在聊这件事情，但最终付诸行动，是在布拉德答应 Wiley 出版公司要出版创业系列丛书之后。2012 年 6 月，在科罗拉多克斯通的家里度过整个夏天后，我们才真正开始。这次用了整整三个月时间。像是去年夏天一起去欧洲的 60 天，这是我们 22 年伴侣关系中最长的一段不受打搅的时光。

当我们对整个夏天都要一起写作这件事满怀期待的时候，布拉德正在努力写这个系列的第一本书。我们虽然很早就着手开始，但直到 9 月初才有了真正的进展。这本书也证明了，在疯狂的创业过程中，可以通过碎片时间，用大约 3 个月时间完成一本书的写作。

我们从很多人身上学习如何经营一段成功且令人满意的伴侣关系。其中大部分是创业者，有些是我们的同事，有些是我们的好朋友，有些是我们非常尊敬的企业家。这本书汇集了我们自己的经验和从他们身上学到的东西。如果没有他们的帮助、支持、智慧和友谊，我们不可能有这样美满的伴侣关系，更不要说写这本书了。

我们的很多创业者朋友和他们的家人为这本书做出了巨大贡献。他们非常勇敢、善意和慷慨地分享了他们的观点和故事。我们非常珍惜和他们的友谊、他们对本书的贡献。接下来我会按照他们出现在书中的顺序列出他们的名字。

Geraldine DeRuiter 和 Rand Fishkin，Laura 和 Pete Sheinbaum；Ben Horowitz，Alexander Antonioli，Jerry Colonna，Heather 和 Tom

Chikoore，Feld 和 Joanne Wilson，Ellen 和 Howard Lindzon，David 和 Jil Cohen，Bart 和 Sarah Loreng，Paul 和 Rene Berberian，Keith Smith，Jenny Lawton，Tim Enwall 和 Hillary Hall，Ilana 和 Warren Katz，Sandra 和 Will Herman，April 和 Jud Valeski，Mark Florence 和 Nicole Glaros，Blumberg，Mark 和 Pam Solon，Jerri 和 Tim Miller，以及 Dave Jilk 和 Maureen Amundson。

布拉德的助手 Kelly Collins 一直是我们工作和生活中非常重要的一员，不知疲倦地帮助我们处理各种事。她不仅是布拉德的特别助理，还是我们俩的好朋友，常常非常智慧地帮助我消除和布拉德的隔阂。Kelly，不敢想象，如果没有你的帮助，我们会怎样。

还有 Wiley 出版公司布拉德工作室的团队，特别是 Bill Falloon，Meg Freeborn，Tiffany Charbonier 和 Sharon Polese，你们太棒了！

布拉德在 Foundry 集团的合伙人：Jason Mendelson，Ryan McIntyre 和 Seth Levine，以及 TechStars 公司的联合创始人和 CEO David Cohen，David 是我们创业人生中特别的朋友。感谢你们一直以来的支持！

最后，还有很多和我们有业务往来的伴侣，也是我们多年的好友、同事。是你们激励我们每天过丰富的生活，让我们每时每刻能够享受这个世界上的每一点幸福。

目录

Surviving and Thriving in a Relationship
with an Entrepreneur

第一章　欢迎来到创投圈

Surviving and Thriving in a Relationship with an Entrepreneur

欢迎来到“创业人生”，它将带领你在充满压力的创业过程中维持良好的人际关系。正如许多创业传奇所说的那样，作为创业者，自然而然地意味着工作上的全力以赴，也就很难实现工作和个人生活的平衡。很多人认为追求这种平衡是没有价值的，是庸人自扰。有人说，创业成功是一个不可能完成的任务。的确，绝大部分创业公司都以失败告终。如果你是一个热爱自己创业项目的创业者，同时又和那个特别的他（她）处在热恋中，这更是难上加难的事情。但是，如果你想不畏艰难、迎难而上，并承诺要创造工作和亲密关系的平衡，这本书将会帮助到你和你的伴侣。你们可以一起来交流，理清你们的核心价值观，尝试一些有用的技巧，支持你们在一起创业的过程中建立一种长期的伙伴关系。如果你已经创业同时想要恋爱，或者正在热恋中同时想要开启创业之路，这本书就是专门为你而写。

这本书的目的是帮助创业者和他们的伴侣树立健康的创业人生观，并对成功的内涵达成共识。关于创业，有很多不正确的“常识”。如果不能找到创业和生活的平衡之道，最终就会走向失败。那些所谓的“常识”——例如狂热地工作是必需的，不断加班有助于提高创业公司的成功概率——都是错误的。我们的目标不是更勤奋地工作，而是更智慧地工作，有效和从容地安排我们的时间。我们期望创业者伴侣检查一下彼此对于创业、对于人生有哪些先入为主的看法。看能否突破和超越那些广为传播、根深蒂固的关于企业家精神的错误认知，找到一些行之有效的新方法。

我们期望这本书像一个工具，帮助大家在创业的过程中，用一个更长和更广的时间维度，思考我们想要的生活究竟是怎么样的，其实质是什么。这本书也可作为一本指南，用来探索已有的关系，理清价值观和彼此的需求，或者让一些难以沟通的话题变得容易一些。当你准备开始一段创业的冒险旅程，这本书有助于你同时开始一段爱的关系。

创业是一件非常艰难的事情。建立一份健康持久的关系也一样。在同一时间做好两件事情，更是难上加难。不论你是在创业的时候准备去恋爱或者在恋爱中准备去创业，这些经历会帮你进一步认识自我，发现自己另一面：不可理喻、患得患失、善变、固执等；还会刷新你对一些问题的认知，例如：你是否相信人可以随着时间的推移而改变；你的自我成长是否还有空间；爱一个人是否就要接受他的一切……

你将会听我们一遍又一遍地重复：无论是人际关系还是创业，首要原则就是沟通。离开了内外一致、高效、诚实的沟通，人际关系就会面临巨大挑战。但在现实中，每个人所习惯的沟通方式大不相同。一方可能言辞刻薄，而另一方期待对方能善解人意，那么此时，解决最基本的沟通问题才是当务之急。你可以尝试更多的技巧，寻求专业帮助，或者去发现自身有助于沟通的优秀品质。尽管沟通的效果需要假以时日才能体现出来，但任何提升沟通能力的努力都是非常值得的。我们将会在书中喋喋不休、不厌其烦地重复这个观念。决定成为一个优秀的沟通者是一个非常好的开始，请把它贯彻应用到创业人生中。

沟通的一个重要前提就是使用正确的言辞。需要重视的地方有：怎么定义两人的关系；在公共场合和私下里如何称呼自己；彼此交流的时候会用到哪些语言；以及你会怎样向别人描述你们的关系和你的工作……这些都很重要。

我们要强调的第二个原则就是核心价值观。沟通能够非常明显地呈现出你的核心价值观。价值观相同才能保持长期伙伴关系，也是它们在最初让你们走到了一起。随着时间的推移，你们将会一起来阐明它们。

清晰地表达你的个人优先级事项，这将会引导你把精力投入到那些更能带来成效的事情上。明确地表达公司的愿景，是保证公司沿着正确方向前进最基本的要素。这样的共识会让你和伙伴更轻松地向前。这本书将帮助你通过沟通找到你的核心价值观及活出这样的价值观。

伴侣关系

尽管我们的语言丰富多样，但对于浪漫而含蓄的伴侣或爱人关系（不一定是男女之间的关系），我们还没有找到可以恰当描述的词汇。而且，你在事业上的伙伴和生活中的伴侣可能会是同一个人。所以，书中提及的伙伴可能代表配偶、爱人、亲密友人、灵魂伴侣或者任何你决定要共度一生的人。我们将用专用词来区分商业搭档和生活伴侣，这样就不会混淆。我们将用伙伴关系或生活伴侣来指代婚姻、同居恋人或任何形式仅限两个人的、长期浪漫的亲密关系。你还会听到我们用创业者伴侣关系来形容这种状态。

一开始我们想要说的是，我们支持一切忠诚的伴侣关系。我们非常支持恋爱的朋友像我们一样受益于法律对于婚姻的规定。尽管我们不知道政府会提供什么好处。我们极少关注婚姻法，以至于我们一开始并没有领取结婚证，直到三年后我们相约到阿拉斯加。尽管这期间我们没有任何的税收抵扣、保险福利，也未享有配偶免费租车特权。[㊀]这并不能改变我们之间关系的基本属性，影响我从波尔德县婚姻办公室领取一纸结婚证。作为一个重要前提，称谓依然很重要。在我们国家，称呼对方为丈夫或妻子，还是男朋友、女朋友，或者伙伴，是不同严肃程度的事情。我们期望有朝一日所有相爱的人可以彼此共享“配偶”这个词的所有意义。有一段彼此承认的关系、但不想结婚的创业者，不论他们是否能够获得法律上认可的身份，都包含在“生活伴侣”这个概念里。

支持团队

我们并不能通晓万事。这里提供的方法，只是过上幸福生活的众多路径之一。我们曾经访问过大量的企业家和他们的伙伴，听他们分享建议、方法和成败的真实故事。非常感谢他们乐意分享那些深陷困境的故事。在这里，我们可以肯定地说，任何困难都可以搞定。我们要特别为那些在艰难中依然努力保持关

㊀ 美国的税法规定，个人所得税是在收入扣除相应的抵扣、福利基础上缴纳。不抵扣就意味着多缴税。——译者注

系的朋友们喝彩。纵使书中的一些“秘密武器”可以帮你的人际关系增加一些“调味料”，我们也并不认为这是一本充满智慧的魔法书。它只是一本帮助你通过真实的付出、努力工作、练习沟通技巧、幽默感等，和这个世界建立一种独特关系的书。

就像SEOmoz公司的CEO兰德·菲什金（Rand Fishkin）描述的一样，我们会帮助一些相爱的人，让他们避免陷入彼此难以接受的境地。他的妻子杰拉尔丁·德·鲁伊特（Geraldine de Ruiter），是一个旅行博客的博主、Everywhereist.com网站的作家。我们在这里分享的是他们曾经如何超越困境，最后获得商业和伴侣关系上的双丰收。

很明显，无论是对于SEOmoz公司的同事，还是对于我的妻子，包括我自己，我很长时间都处于崩溃边缘。我每天睡得非常少。长达七周的时间里，我都在轻微的感冒中。我的后背也一直没有好，有时候还得借助手杖才能走路。身体常常感觉到不适。有时候我陷入自相矛盾中，非常痛苦。在2008年结婚之前，我从未正式休过假（那种每天至少四小时不用工作的假期），每天都是无休无止在处理邮件。那是在爱尔兰的时候，我长达40小时没有处理邮件，这是最长的纪录了。见鬼，我们甚至都没有度过蜜月。

毫无疑问，我在工作上是极度高效，而对自己的私人时间的要求极低。我不能容忍任何项目上或沟通上的失败，这也推动了公司在过去五年的快速增长。

最近我和教练杰里·柯隆纳（Jerry Colonna）打完电话后，她给我留了一些功课。结束这个电话后，我和妻子杰拉尔丁认真而深入地沟通了现在的问题。我们分享了因为我不能平衡工作和生活给大家带来的感受。我们商量着如何克服这个问题。对，我们就是这么做的。虽然沟通非常不容易，但我们真的感觉很好，这可能是有史以来我们俩最好的一次沟通。最后，我们达成了一些共识，一起努力去实现共识：

每周二，我需要在晚上7:00之前回家。直到第二天早上，我在家不做任何工作。毫不夸张地说，我从来没有这么干过。第二天因此变得非常有趣。

2013年上半年，我们需要有10天左右的假期，这期间我每天工作不超过60分钟。每天用计时器统计。

几个月之后，我们每个周末的工作时间控制在60分钟以内。

这些执行起来非常不易。我非常担心自己积压的未处理邮件，担心没有尽到自己的责任。但是，这种强制给了我健康的生活。

最难的事情是，我将会对那些我喜欢并期望给他们帮助的朋友说“不”。这太糟糕了，不过这是唯一的解决之道。我并没有刻意去追求平衡，不过这些规则的确帮助我把工作和生活分开，这从未发生过，但应该如此。

兰德·菲什金，SEOmoz公司创始人
杰拉尔丁·德·鲁伊特，Everywhereist.com网站作家
http://moz.com/rand/there-is-no-worklife-balance/

让自己幸福的承诺，是一项巨大而难以企及的成就。有些习惯你需要去养成，就像用牙线剔牙一样，属于只花少量的时间就可以弥补之前过错的好习惯。有些习惯就像吃预防药物一样，可以帮助你把生活品质保持在一个稳定水平上。有些习惯就像定期找医生体检，每年都得检查两次。剩下的，就是那些需要通过长年努力才能养成的重要而关键的习惯。

我们期望通过分享这些知识和经验，帮助你轻松地拥有充实又有目标感的生活。我们坚信这样的人生需要工作和爱来达成。如果你正在创业，还希望拥有一段美好而亲密的伴侣关系，希望这本书可以帮到你。

第二章 创业者的人生观

Surviving and Thriving in a Relationship with an Entrepreneur

传统观念认为，创业者无法实现工作和生活的平衡。人们不断地重复说：创业是一件需要全力以赴的事情。作为创业者的伴侣，要接受自己是第二重要的这样一个事实。

这是完全错误的认知，要坚决抵制。我们也不认为工作越多、产出越好。我们不认为花大量时间在工作上比拥有充实的生活更重要。我们更不敢苟同这样的认知：只有在商业上获得成功后，才能听从内心召唤去追寻丰富人生。更何况商业上的成功有可能永远无法达到。

我们深信，无论是一个 21 岁的年轻创业者，还是一位 57 岁的各方面都很成功的企业家继续创业，都只是拓展了他们生命中的新领域而已。创业只是我们生命的一部分而非全部。如果你拥有充实的生活，你和你的企业都将会更加成功。

关于退休的根深蒂固的认知就是：在年老之前都要好好工作，工作挤占了一切的事情。这限制了你在退休之前探索工作以外的事。这是完全错误的认知，因为你不知道自己在什么时候就心力交瘁了。这样的认知导致很多人甚至在行将就木的时候，依然没有任何想法。很多人到老了，都没有过上自己想要的人生。有一个令人伤怀的老故事，讲的是一个商人想要退休后去环游世界，结果他在退休后不久就与世长辞了。

企业家精神的确很难养成，一段美好的关系也是一样。创业中的失败可以被接受，伴侣关系中的失败同样如此。没有人是完美的，我们都会经常犯错误。创业者常常被教导要快速试错。试错、优化、迭代，不停往前推进。这不是说要关掉公司，而是一旦你明白为什么失败、下一次可以做得更好后，就不要纠结于错误。这些原则在伴侣关系中同样适用：承认你的错误，从中学习然后继续向前。

忍耐、幽默和饶恕是非常卓越的品质。它们会滋养你的生命，激励你的伙伴。无论商业还是任何一种关系，都会面临挑战。抱有略高但合理的期望，确保无论发生什么，关系都会一直持续下去。这是获得长期成功的重要因素。

有效沟通

我们将会一遍一遍地重复：沟通是拥有良好人际关系最重要的因素。

知道和做到是两件完全不同的事情。尤其是在每天都非常忙碌、处理各种紧急事情的环境中，做到有效沟通更是不容易。我们将会介绍给你一些简单而又实用的策略。其中，最难的事情是安排时间来实践它们。关键的切入点是，你和你的伙伴要找到哪些是行之有效的技巧，不断地实践这些技巧。如果你们觉得某些技巧不新鲜或者不奏效，可以尝试一些新的技巧。不管因为什么，你都可以回到起点，重新实践那些已证明有用的技巧。我们要改变一个习惯时，常常是新鲜劲儿过后就会原地踏步，重新回到原来的习惯中。

我们列举了一些非常重要、显而易见但又难以做到的价值观。这些都是人际关系中应该做到的。沟通可以建立信任、连接和亲密关系，也是建立良好人际关系的重要支柱。对很多伴侣而言，除了一些难以沟通的话题，常规的沟通还是比较容易的。没有解决问题的意愿、沟通模式的差异、回避冲突都是有效沟通的障碍。不是每个人都能清晰地表达自己的需求和意愿。你的伙伴不会读心术。即使你觉得你了解他，你同样读不懂他。在开始沟通或工作的时候，我们有责任直面一些问题。有些问题无法彻底解决，还会一遍一遍发生；有的问题看似解决了，但是会在你们改变看法或者经历了一些引发你们改变主意的事情时，突然又出现。

如果你们刚开始认识，并没有什么成功的沟通模式可资借鉴。不过初识的兴奋和化学反应会弥补这个不足。我们相信，了解一个人是需要花费一生之久的事情。无论你们相识一个月、一年还是几十年，都可以从对方身上学到新东西。

另外一个显而易见、非常重要的沟通要素就是幽默。大量的愤怒、累积的挫败感，都会被幽默消融。同样重要的是，要让受委屈的伙伴感受到被倾听、被认真对待。和很多事情一样，时机是很重要的。你会发现哪些时候的沟通是有效的。同样，你还会发现你的伙伴的反应，并不一定是前后一致的。找到你自己的节奏、信号、关键点和肢体动作后，就可以从容面对了。不过，学习的过程可能会让你感到不舒服。

沟通的另外一个重要领域就是表达期望、边界、范围，澄清哪些是彼此无法饶恕的行为。不忠、暴力和成瘾，都是可能会让另一半失去依靠的行为。我有一个朋友，郑重地分享了她的故事。她和自己的伴侣分开的原因是对方期望她改变信仰。通过这件事情，她发现对方和自己之前认为的完全不是同一个人。通过沟通会让你们发现，彼此无法忍受的底线究竟是什么，并有勇气去和对方坦诚面对这件事。

设定优先级

如果你已经承诺和伴侣共度周末，请不要把工作中最高优先级的事情，例如把产品尽快发出去，安排在周五下午。因为你知道这件事情很可能会推迟到周五晚上，甚至影响接下来的周六、周日。遵循工作的规律，给自己留出弹性时间。

不要让紧张的工作填满你的每一天、每一周、每一个月，给自己留出一些弹性时间。当这些弹性时间也不能解决问题时，要和你的伴侣沟通清楚。本书将为你提供很多工具来处理类似的事情，从而让你在非常紧张的工作氛围下，保持一种正常工作的节奏。

了解自己、和伴侣分享你的承诺，是一个很高优先级的事情。很多时候，这是最高优先级的事情。这会让你更容易适应紧张的工作，一旦有时间就可以进行两个人的沟通。如果你真的非常忙，或者你感觉自己连一个周末都腾不出来，那就意味着你需要优化公司的结构，让自己和员工有一个健康的生活状态。事实上，从更长时间维度来看，高品质生活，给工作和生活留出空间，永远是最优先的事情。

了解动机

每个人都被不同的动机所驱动。动机作为一个心理学课题，是在 20 世纪 70 年代被提出来。大多数研究人员把动机分为外在性动机和内在性动机。外在性动机通常指你做一件事情是为了得到某种结果，例如金钱奖励、地位或奖章；或者逃避某种惩罚以及避免某种负面情绪，例如羞耻感、罪恶感、怕丢脸。单纯地热爱这件事情、不为外在奖励驱动的就是内在性动机。某些人，例如布拉德，就是内在性动机驱动的。还有一些人，例如我，是内在性动机和外在性动机平衡驱动的。当然，还有的人是外在性动机驱动的。明确你和你的伙伴的动机，是创业能否成功的关键。

在 20 世纪 80 年代，埃德·罗伯茨（Ed Roberts，麻省理工学院大卫·沙洛夫管理技术学院教授、麻省理工学院企业家精神马丁信托基金中心创始人和主席）表明，有些创业者是为了达到某种成就，有些创业者是为了自我独立。根据我们的经验，有的创业者是为了追求成功的喜悦，有的是为了逃避失败的痛苦。我们持续访谈了很多创业者，了解究竟是什么驱动他们创业，了解他们对风险的舒适感是否和传说的一样，了解他们是否因为不愿在一方斗室里度过一生而决意创业。如果一个创业者是为了追求成功，就会不可避免地陷入戏剧性的起起落落。而一个期望创建可持续企业的创业者则不同。

了解你的伙伴被什么动机驱动，是建立一个良好的长期伙伴关系的基础。假设你和伙伴，尤其是你的合伙人，拥有共同的动机，彼此就会少了很多误会对方的机会。本书会给你很多建议：将沟通放在第一位，通过沟通找到驱动你们的究竟是什么。

建立长期伙伴关系

有趣的是，建立一段关系就像在你面前突然放了一面镜子，帮助你看清自己的行为，尤其是在自我认知出现偏差的时候。这种矛盾和内在的不一致是我们和别人发生冲突的根源。伙伴们就像被卷入了电影《化身博士》（*Dr.*

Jekyll and Mr.Hyde）中的人格分裂的漩涡一样，一会儿到处伸张正义、救济穷人，一会儿又惹是生非、作恶多端。在第五章，我们将用常用的二分法来探索创业者的个性特征。在第八章，我们会讨论由这种个性特征带来的常见问题和冲突。

我们深信，健康的人际关系可以帮你成为最好的自己。你的伙伴会给你带来安全感，激励你前行。同样的，你也可以给你的伙伴带来支持和鼓励。仔细思考你究竟想要过什么样的人生，你希望自己的一生是一个什么样的故事。体贴、善良、诚实、理性面对挑战、在困境中支持别人，这都是你需要拥有并且不断修炼提高的好品质。你还要激发你的伙伴拥有这样的品质。

有两本非常卓越的关于婚姻或忠诚关系的书：塔拉·帕克·波普（Tara Parker Pope）的《婚姻的幸福科学》（*For Better:How the Surprising Science of Happy Couples Can Help Your Marriage Succeed*），宝拉·苏可曼（Paula Szuchman）和詹妮·安德森（Jenny Anderson）的《小两口经济学》（*Spousonomics：Using Economics to Master Love，Marriage，and Dirty Dishes*）。这两本书都验证了幸福婚姻的模式，做哪些具体的事情可以确保自己也成为幸福婚姻阵营的一员。*For Better* 介绍了冲突和性爱的科学。*Spousonomics* 运用经济学原理，例如盈亏平衡分析、损益分析、激励制度、指标监控等方法来衡量伴侣关系的健康程度。

无论在私人关系还是商业合作上，共赢是最佳的价值观。这并不意味着要斤斤计较谁做了些什么，而是总体感觉上都在努力创造一种更平衡的关系。定期反思一下：我们是否做出了一样的努力？是否有谁做出了更大的牺牲？这是一种非常重要的沟通习惯。我们从小被教育人生没有公平可言。但这并不意味着公平意识不能作为一种美德，帮助改善你的人际关系。

如果你们其中某个人觉得自己一直在奉献，这种情况是不可能长期持续的。这只能清晰地看出在你们的关系中谁是支持者而已。如果你的工作性质本身决定了会很忙碌，例如零售行业要求一年四季的节假日都不能休息，那你就要安排一些额外的时间来陪伴对方，或者在节假日之后做一些特殊安排。如果这两件事都能做，那就更好。好比是一个银行储蓄账户，你可以将在一起的时间存起来，或是做一些短期的透支，但是得保证一定时期内的收支平衡。每个季度的假期就是一个绝好的机会。我们会在第七章分享一些我们发现的策略，使我们通过假期既能够解决关系上的赤字，又可以在繁重的工作中美美睡一觉，养精蓄锐，恢复体力。

我们鼓励将眼光放长远一些——假设对方将是你的终身伴侣。如果你期望和你的伴侣建立几十年的忠诚关系，你就要意识到，你们即将一起成长，你们要共同营造一种积极、健康的习惯和模式，并一起让这种习惯和模式持续下去。我们相信你会对自己和伴侣有更高的期望，但同时也要学会宽恕对方。

一个好的习惯会随着时间推移不断强化；同样，负面的不良习惯也会一直伴随着我们。憎恨、愤怒、权力欲、控制欲和其他负面情绪，通过人的本能反应，让我们一次一次地陷入其中，根深蒂固，无法自拔。因此，如何建立一个积极的模式，把注意力转向寻找导致这些不良习惯背后的根源，就成了一件非常难的事情。

花时间付出

你每天花了多少小时在你的爱人身上？每周呢？每个月呢？设定一个期望值，一起商量一个合理的时间，找到大家都可以接受的中间值，并把它设为里程碑。这种数据性的统计和设定目标的习惯，符合很多创业者的个性特征。

我们需要客观和主观地来跟踪这个数据。用数据来衡量常常是一种有效的方法。尤其是对于创业者来说，我们并不清楚有多少时间在工作，有多少时间是在社交，有多少时间盯着手机。尽管不能说布拉德一周工作 40 小时是合理的，但是当我们真的追踪他的工作时间后，发现他每周最多工作达到 80 小时。一周有 168 小时，扣除 80 小时工作时间，每天睡 7 小时，再扣除 49 小时，还剩下 39 个小时可以在一起共享愉悦时光。这相当于一周正常工作时间。我们定义的工作时间指，无论在任何时候只要布拉德在工作，比如电话会议时间，就算工作时间。

我们并不会时时追踪在一起的亲密时间和工作时间各是多少。不过这些真实的数据有助于我们的交流，商量到底用多少时间工作就足够，用多少时间工作是可持续的，峰值和低谷分别是多少。设定一个具体的、可衡量的时间目标，无论对工作还是生活都有好处。

不确定性

历史上有大量的研究和著作阐释什么是幸福，如何获得幸福。看看书店里“人际关系”这一分类，或者在亚马逊网站上搜索“人际关系”，会发现上万本这类书，需要花费很长时间去筛选。很多书里都提到了目标导向、沟通、意志力、积极思考的力量。可是很少会提到创业公司的核心特点：不确定性。本书会深入讨论这个主题。创业者如何像一对夫妻一样处理关系，如何在长期的伙伴关系中表达建设性意见。

坚　持

坚持有时候会被看作是固执，再严重一些就会被描述为不愿意倾听、不愿意改变，但坚定的决策会带来商业上的成功。同样，它也是一种卓越品质，会为你带来良好的人际关系。主动是一种重要的特质：主动去承诺；主动去改变；最重要的是，无论关系变得多糟糕，都要主动去改变。明确你的伴侣乐意主动去为建立一段幸福的关系而努力，这是最重要的信任基础。你们可能也经历过分手、父母离异、不再相信爱情，而坚持意味着不逃避挫折。理论上讲，你正在或将会在长期的磨合中变得更加成熟。

幸福感与习惯的力量

有一个全新的学术分支在研究幸福：积极心理学揭示了什么会让人幸福。每个人都是独特的个体，但是数据表明了是什么创造了幸福。在所有幸福的人群中，亲密关系不出意外地成为最重要的因素之一。一部分人幸福是因为基因遗传。但在可以控制的范围内，我们自己有能力变得幸福，并且拥有良好的人际关系。如下这些书将会对你有帮助：

- 马丁 · 塞利格曼（Martin Seligman）积极心理学三部曲：《活出最乐观的

自己》(*Learned Optimism: How to Change Your Mind and Your Life*)、《真实的幸福》(*Authentic Happiness: Using the New Positive Psychology to Realize Your Potential for Lasting Fulfillment*)、《持续的幸福》(*Flourish: A Visionary New Understanding of Happiness and Well-Being*)。

- 丹尼尔·吉尔伯特(Daniel Gillbert):《撞上幸福》(*Stumbling on Happniess*)。
- 索尼娅·吕波米尔斯基(Sonja Lyubomirsky):《幸福有方法》(*The How of Happiness:A New Approach to Getting the Life You Want*)。
- 格雷琴·鲁宾斯(Gretchen Rubin):《幸福计划》(*The Happiness Project:Or, Why I Spent a Year Trying to Sing in the Morning, Clean My Closets, Fight Right, Read Aristotle, and Generally Have More Fun*)、《幸福的家》(*Happier at Home: Kiss More, Jump More, Abandon a Project, Read Samuel Johnson, and My Other Experiments in the Practice of Everyday Life*)。
- 查尔斯·都希格(Charles Duhigg):《习惯的力量》(*The Power of Habit: Why We Do What We Do in Life and Business*)。

真正想要变得幸福的决定非常重要，接下来就和你的伴侣一起去发现哪些是对你们行之有效的方法。

积极心理学的研究在神经科学领域发展出一系列有趣的观点，包含习惯的力量、意志力以及如何自我改变。养成一种主动友好地向伴侣表达喜欢、尊敬和爱的习惯，能让你从长期的关系中获得满足感。互联网工具此时可以给我们很多支持。设置一些定期的提醒：每月给自己的爱人手写一封情书并寄给她；给他送花；给她买一本她不经意提到的书。养成为你生命中那位幸运儿做一些小事的习惯。向他表达感激是一种常见的幸福催化剂。

97%：选择你应该在意的部分

在我们的生活中，只有3%的事情是布拉德决定的。他不愿意参与选择一个新沙发或窗帘，他甚至恳求我一辈子都不要向他展示任何纺织物的样品。他愿意花精力研究去哪里度假，却不愿意陷入具体怎么走、怎么运送行李的细节中去。但在布拉德感兴趣的 3% 的部分，我几乎百分之百地听从他的喜好。很多时候这种喜好非常具体，例如布拉德讨厌刺山柑、不喜欢坐船。有时候这种喜好也非常模糊，例如布拉德从来不过感恩节和圣诞节，因为他觉得这是迫于社会压力或情感压力不得不为的碾压自己灵魂的经历。有的时候这种喜好是生理性的，例如，尽管布拉德不在意沙发是什么样子，也不会参与购买沙发，但他要求家里的沙发在他跑完步之后躺起来很舒服；再比如我家的非常昂贵的神奇 TOTO 厕所，那是上完厕所后可以清洗和干燥的厕所。剩下的就是情绪性的喜好，例如布拉德在每天早晨起床后需要 90 分钟的安静时间。但是在这 3% 以外的部分，布拉德差不多什么都听我的。

无论是在人际关系中还是在公司里，事事亲为总不如有效授权高效。找到每个人真正关心的方面，给他们自主决策的权力，并适应这种状况，你们的生活就会变得格外有效率。

分配任务

通常，创业者并不擅长分配任务。然而，不论是应对公司还是家庭事务，这种能力不可或缺。在创业公司，凡事亲力亲为会有很多好处，但你的时间是有限的，能力也是有限的，你不可能在方方面面都是专家。分而治之和有效授权策略可以帮助你避免疲劳。这还是一个有效的建立团队精神的办法。这个策略对你的伴侣同样适用，是授权别人完成一件事情的通用策略。这样你就可以不去做那些你不喜欢的事情，而是去做你真正热爱或者特别擅长的事情。在我们的生活中，这种分配任务的能力通常在家务的分工中体现。

当我们开始一起生活的时候，我觉得自己应该分担一些家务。我建议列一个家务活清单，按周轮流去做家务。布拉德欣然同意了，但是他建议在自己负责的那一周，可以由家里的保姆琳达替他做这些家务。他还让我也让琳达帮忙。当然，我爽快地同意了。

另一个考验授权技巧的情形就是翻新房子、重新装修或建一栋新房子。我的朋友曾经因为翻新房子的事情差点儿和自己的爱人分手了。因为他的爱人还在一心忙着自己创业公司的事情。沟通的关键在于厘清责任，然后相信对方，乐意彼此授权。

TA 在你的人生蓝图中吗？

如果你正在创业，你是否真的需要同时兼顾一段亲密关系，这是一个非常难回答但很重要的问题。你可能会感到有压力。的确，你想要拥有一段亲密关系，但这不一定是你的真心话。你或许更乐意将精力聚焦在创业上，一些相对随意的关系或和多人约会的状态没准儿更适合你。

不随波逐流，便很可能面临来自外界的压力。拥有一段相互忠诚的关系，是父辈们的标准人生规范之一，可能你不这么认为。也可能，你也以先成家再立业作为自己的准则。安排一段独处的时间，想想自己究竟要什么，做做人生规划。毕竟，刚刚创业时，身处乱糟糟的环境中，我们可能很难抽出时间来思考人生、了解自己。

但这是值得做的事情。有很多方法可以去尝试，例如冥想、写作、和信任的朋友交流、进行心理咨询或者去体会大自然。如果你在工作中比较标新立异，很可能你也不认可主流的伴侣关系。要诚实地面对自己，当你和一个人进入一段亲密关系的时候，他 / 她的期望肯定是走向婚姻的圣坛。

你期望自己的人生是一个怎样的故事呢？

每段关系都是一个故事。作为伴侣，你们正在书写相伴一生的传奇。每一段经历、每一个行动，无论好坏，都是你们人生故事的一部分。你们在交往之初既定的相处方式，很可能会贯穿一生。

我们来听听彼得（Peter）和劳拉·欣鲍姆（Laura Sheinbaum）夫妇的故事。彼得是一位非常成功的企业家，他希望获得更大成就。听到他们的蜜月安排是去非洲攀登乞力马扎罗山，你就不会感到奇怪了。下面是他们的故事。

我和彼得是2005年6月25日结婚的，我们在纽约市区举办了一场盛大的结婚典礼，接着就准备同年8月份去非洲度蜜月。我负责婚礼的筹备细节，彼得计划着将会留下一生记忆的非洲之旅。行程充满了浪漫、异域风情和冒险。这是我们一起经历的最好的一次旅行。我们花了一个月的时间在Zanzibar海岸线边的Mnemba岛漂流；我们在Ngorogoro的火山口和Serengeti平原之间狩猎；我们疯狂地捕鱼，在礁石林立的海里潜水；我们驾着船在夕阳下和渔夫们一起捞章鱼；我们一起看黑犀牛、狮子、老虎、河马和斑马；我们一起见证了神出鬼没的角马横渡肯尼亚；我们吃各种很奇怪的食物，例如南瓜椰子汤；我们住在头顶有狒狒嬉戏的木屋里。我们仿佛置身天堂，在浓浓的爱中，在世界之巅。

我们为什么要挑战非洲的世界之巅呢？我和彼得是在科罗拉多州博尔德市遇见的，那时我们都在纽约市生活，都称自己为科罗拉多人。我们喜欢远足、骑自行车、滑雪、跑马拉松、攀登海拔14 000英尺高的山峰。我们都是运动员，如果没有登上乞力马扎罗山山顶，那将是我们蜜月之旅的一大遗憾。事实上，我们曾经在海平面生活了近两年，最剧烈的运动就是每天无所事事地牵着两条狗穿过中央公园。

我们在博尔德市有一个好朋友，他认识的一个人在运营徒步乞力马扎罗山的项目。我们想要加入这个团队，希望从中获得一些基本信息：和向导在哪里见面，行程需要多少天，费用是多少。这是一次历时至少七天的远足。所有的信息表明：我们最好带自己的装备，如果实在不想带，也可以在非洲当地租赁。我们相信朋友推荐的这个人，只带了基础的徒步装备和沙滩服。把沉重的鞋子、厚夹克和其他登山必备装备都留在了家里。我们只有五天时间来完成这次登山（因为彼得弄丢了一些后勤补给）。向导觉得我们应该会迅速登上峰顶，用非洲话说“没问题！”

我们和向导见面是在坦桑尼亚的阿鲁沙，那天阳光明媚。他开着一辆破吉普车，把我们带到一个仓库去租登山用的装备。车在一个满是尘土的小巷里停了下来，我们默默地看着眼前那一堆破旧的露营装备。不过任何事情都无法影响我们兴奋的心情。我们扎进了装备堆里，挑选了一些还能用的，给向导竖了竖大拇指后就开拔了！

车在当地一个肉铺前停了下来。向导购买了两只鸡挂在前面的车窗上，又买了一些爆米花、四打鸡蛋。没有冰箱或其他冷冻设备也无碍，因为夜间气温很低。

下一站：步道的起点。我们打算徒步到第一个夜间露营地扎营。步道旁的风景非常漂亮，穿过了一片雨林，我们很快就爬到了云雾线以上，阳光普照。我们第一夜的营地大约在海拔 9 000 英尺的地方。彼得和我感觉好极了。向导们虽然只会说一点儿英语，不过都非常友好。向导队长曾经 40 次登上过乞力马扎罗顶峰。我们最喜欢的向导叫“好莱坞”，他是一个 18 岁大的孩子，性格和他的外号一样可爱。

第二天和第三天没有什么变化。第四天是我们走得最远的一天。向导们把四天的行程压缩到了两天，但没有和我们沟通修改后的计划。我们需要在天黑之前赶到大本营。连续走了十个小时，抵达大本营的时候已经是下午 5：00。我们快速吃完饭后被通知要马上睡觉，六个小时之后，也就是晚上 11：00，就要开始登顶之旅。

彼得的偏头疼犯了，我也感觉不太舒服。那天的行程安排得太紧张了。我们攀升了超过 4 000 英尺的水平高度，走了 15 000 英尺以上的路程。这完全超过了我们之前任何一次登山的强度。我们非常疲惫，身体有些脱水，并伴随有高原反应。吃了一些爆米花后，我们想睡一觉。另外一队因为水土不服，已经在这里待了 2 天了。大本营里感觉像在聚会一样，因此难以入睡。我们在晚上 10：45 醒来，非常疲惫，并且生病了。

天很黑，气温非常低。还没开始出发，我就感到精疲力竭。我们从来没有爬过这么高的山，只是无意识地跟着大部队。一列纵队向山顶进发，当我们摇摇晃晃地爬上山顶时，只能看到脚下几英寸之内的光线。在向导的带领下，队伍变成了两条线，行进的节奏也被故意放慢了。两个多小时后，我的步子越来越慢，反应也越来越迟缓。我真的生病了。好像有人往眼睛里钉钉子一样，我感觉想要呕吐。向导对我说："吐出来会好一些！继续走，没问题的！"没有办法，我只能继续。在模糊的意识中，我总想起那些因为高原反应死在山顶的人。我不是轻言放弃的人，但我意识到我的身体状况需要尽快离开山顶，我有高原反应。还有 1 000 英尺就到山顶了。因此，我催促彼得继续。事实上，是我乞求他继续，我们两人中至少得有一人到达顶峰。

当然，彼得非常喜欢挑战，没有比登顶更让他渴望的事情了。所以，他继续向山顶爬去，留下我和一名不会讲英语的向导往山下走。那时候，刚刚呕吐过的东西还残留在我的嘴唇上。

后来我们都没有登上顶峰。

当我问彼得那一刻他是怎么想的时候，他的思路异常清晰。他答道："是的，我也想过背起背包冲向山顶，然后快速回到你身边。不过这个念头只是一闪而过而已。"他的注意力和关注点总是在对的地方。他很快意识到，在这个天寒地冻的夜里，如果把自己刚结婚一个月的新娘扔在海拔 18 000 英尺的山上，那将会是他人生中最最失败的一幕。他无法想象回到美国，向朋友讲起为了满足自己的愿望把生病的妻子扔在一边的事情。

尽管那个时候他还有精力继续爬向山顶，他也不可能扔下我不管。我言不由衷地劝他继续，但在内心深处，却非常高兴他能够留下来陪我。同时这也让我觉得有些内疚。

总之，我还是希望我的丈夫能和我在一起。我们下了山，在大本营休息了大约一个小时，然后继续走了 15 英里，那样我们就可以在最近的小镇上过夜了。后来每当我因为彼得没有登顶而感到难为情的时候，他自始至终都说那是我们在蜜月中度过的最美好的时光。假如他扔下我，最多也就是拥有一个没有我的登顶记忆而已。无论有没有登顶，我们都要一起开始、一起结束。

这是我们婚姻最好的见证。当我需要支持的时候，他就在那里。在接下来的时光里，他每天都在这么做。我也是这样。无论顺境还是逆境，我们都彼此支持，一起应对人生的各种挑战，比如创业期的起起落落、照顾幼小的孩子和年迈的父母。

总有一天，我和彼得还会回去。带上我们的装备，带上我们的孩子，我们将一起登顶。自从我们开始携手共度一生后，我们很幸运地在很多事情上都一起达到了新的高度，在乞力马扎罗山那次没有登顶又何妨。

劳拉 · 欣鲍姆，Boulder Housing Partners
彼得 · 欣鲍姆，LinkSmart，*www.linksmart.com*

最新的研究表明，人类区别于动物的最独特之处就是会使用工具、语言和有能力清楚明白地把自己的经历连贯地表达出来。佛瑞德（Fred，www.avc.com）和乔安妮 · 威尔逊（Joanne Wilson，www.gothamgal.com）马上要庆祝他们第 25 个婚姻纪念日，他们在博客上写道，他们曾经成千上万次地听其他人讲自己的故事。尽管每个人看待事情的角度不一样，但如果你分享了自己的亲身经历，也会吸引很多有过类似经历的人。

你期望别人通过什么样的故事来认识你？我们之中有些人是典型的价值驱动型，而另一些人则非常在意别人的看法。这种“在意”是一种积极力量，推动我们去成就积极的人生。别人如何分享关于你的故事，其实掌握在你自己的手中：你是一个卓越的人，还是一个友善的人？你的行为和自己的价值观一致吗？

当然，你的创业传奇也同样值得回顾。有个老掉牙的说法：没人在临死时还想着工作上的事情。但的确很多有洞见的书都是在临终病床上完成的。例如兰迪 · 波许（Randy Pausch）的《最后的演讲》（*The Last Lecture*），尤金 · 奥凯利（Eugene O' Kelly）的《追逐日光》（*Chasing Daylight*）。你期望自己的墓志铭上写什么，将会决定你生活中的优先事项。很多人也强调，要看重人与人之间的关系。

作为有独立思考能力的成年人，你可以花时间去思考对于你来说丰富人生由哪些要素构成。这是一个值得你不停向自己追问的问题，贯穿于你的创业、生活和人生的方方面面。

第三章 至关重要的沟通

Surviving and Thriving in a Relationship with an Entrepreneur

有效沟通是任何一种成功关系的必备条件，在本书所描述的创业者伴侣关系中尤为重要。作为创业者，如果想在事业上取得成功，必须非常擅长沟通；如果同时想在生活中很成功，也必须非常擅长沟通。每个人的沟通风格、所面临的压力及客观环境都是有差异的，但这些对于沟通结果的影响却同样重要。

当发生激烈冲突时，学习如何有效沟通非常重要；当需要经常出差、在不同城市之间奔波时，学习如何有效沟通也非常重要。

本章的观点适用于任何伴侣，但同时，你可能会觉得这只是一本讲“关系”的书，没有什么特别。但我们会努力聚焦在创业者伴侣这种特殊关系上，力图呈现这类关系在沟通中的方方面面。

约　会

我们极力推崇与伴侣约会。但我们自己的生活却忙碌得令人难以置信，被各种事填满，大量的工作会议，结果就是我们发现几乎没有私人的时间留给彼此。我猜想这种情况在创业者伴侣关系里非常普遍。

很多年前，我们开始约会。最初是一段提前安排好的 30 分钟的时间，我们一起讨论或解决某件具体的事。渐渐地，我们的约会有了更轻松的节奏和更多元的主题。接下来你会看到更多重复出现的约会主题，比如晨间四分钟、生活晚餐或者周日复盘分析。很多次周日的晚上，在复盘分析会上，我们会简单聊一聊过去一周发生的事情及下一周的安排，然后再去睡觉。

我们喜欢一起回顾过去的主题约会，把这种回顾当成是沟通的机会，而不是被迫来做的事情。与其把这种回顾当成一种“责任”，我们更愿意把它当成一个可以彼此沟通的机会，虽然这是事先安排好，而不是临时发生的。以下是一些我们会重复的主题约会。

晨间四分钟

每个早晨，我们做的一件简单的事情就是：花四分钟的时间，进行眼神交流，自然放松地说一说当天的日程安排，以及下一次碰面会在什么时候。我们坚持了晨间四分钟很久，布拉德觉得是我们自己发明了这样的沟通方式，但是我却认为它可能来自于约翰·格雷（John Gray）1993 年出版的《男人来自火星，女人来自金星》（*Men Are from Mars，Women Are from Venus:A Practical Guide for Improving Communication and Getting What You Want in Your Relationships*）。在忙碌的早晨，四分钟的时间虽然短，但足够让我们短暂交谈，望望窗外，抱抱狗狗。可以设定一个四分钟的定时器，花一点点时间待在一起，这就是晨间四分钟。努力完成一次真正的交流，而不是把两个人相处的时间花在回顾工作事项列表、即将发生的大事或是没有解决的冲突上。

如果两人没有待在一起，我们会通过 Skype 或 Google Hangouts 来进行晨间四分钟沟通和交流，视频连接比电话的效果更好。没有任何事情可以阻止我们在新的一天开始的时候在一起。即便是其中一人需要在外奔波的时候（主要是布拉德），我们也一定会至少通过电话来度过每天的晨间四分钟。

一个早安和晚安电话

如大家所知，创业者的生活中经常会有大量长时间的出差、很多商务餐或工作应酬到很晚。其中某一个人或两人同时在外忙碌的时候，通个电话，互相问候早安或晚安，这是非常值得的。

不论在哪里，不论在做什么，我们总是会努力用晨间四分钟来开启一天，用电话问候晚安来结束一天。早安电话是相对比较容易的事，因为我们都起得很早，在开始一天的忙碌之前有足够的时间来互相问候。而晚上的时间相对会困难一些，所以，布拉德会记得在接近晚上 10 点我放松的时间段里，按照之前的约定停下手头正在做的任何工作，和我沟通并互相问候晚安。尽管有时候在约定的时间段里通话并不太好实现，但知道彼此都期待听到对方一句“我爱你”仍是件令人愉悦的事。

远离工作的晚餐时光

我们明确安排了一个晚餐时间段，用来处理一些更有挑战性或棘手的事情，每月一次——每月第一个周六，或者一个相对不忙的日期，让预先计划好的晚餐可以进行下去。我们认为安排有规律的晚间约会是很重要的。与那种聚焦于浪漫或娱乐的约会不同，在晚餐时间，我们会谈论下一个月的目标，评估过去几个月的成绩，互相给出建设性的批评建议和反馈，澄清因为沟通不畅而导致的不快或因拖延而未决事项。这样的约会在本质上是一个业绩回顾会，彼此在美食的陪伴下可以进行深入的交谈。这种形式我们持续了 12 年，当我们感觉到相互之间有了一点距离或者对彼此的投入不够时，我们就会非常想念它。生活中常常会有一些艰难而又不得不面对的话题，有了这样每月一次的安排，也使我们在每月余下的时候、在有限的谈话时间里能够更从容。

诚实和尊重

诚实是保持良好沟通和健康关系的基本要素。当你在同伴面前展现真实自我的时候，你肯定希望对方也足够真诚，需要有安全感。其实每个人都需要深入了解自己，知道自己的真实想法和感受，然后彼此分享。

诚实的确是一种美德。但有时候，“实话实说”会成为另一种“暴力”，会伤害你的伴侣，也是一种逃避责任的体现——“实话实说”表明“我并不关心我的语言是否会伤害你”。我们不推荐这样做。诚实是用来建立信任的，但和善的诚实比简单粗暴的诚实更可取。

通过建设性的方式表达批评是非常重要的。我们常常使用“建设性批评”这样的词，但是很少有人能做好。虽然“建设性批评”是真诚的，却依然带有一种强迫别人接受的意味。然而还有一些情形中，比如布拉德在 Foundry Group 的工作中，就是非常直接粗暴的。他没有把这种工作风格带入我们的私人关系。

我们付出了很多努力，尝试在一个“安全”的氛围中向彼此表达建设性批评。我们努力传递和善、鼓励和改变，而不仅仅是批评本身。我们确信彼此接纳了数量相当的批评以改正、完善自身，从而维持一个平衡状态，使得两人不会走到一条互相伤害的路上去。

我们都不能接受谎言。善意的谎言，及因疏忽而导致的谎言，同样不能被接受。我们会用一种直接、友好和礼貌的方式把自身的感受反馈给对方，我们也把这种方式带入进了日常沟通。身边的朋友经常会听到我们互相说“谢谢你”，以及互相表示感恩；也会听到我们有不同意见，但都会很有礼貌地摆出事实，很少用可能伤害到对方的方式。当然，我们也会犯错误，然后我们反思错误、承认错误并为其道歉。

也许这样看起来有些啰唆。经过长时间的探索，我们发现，彼此尊重是保持良好关系的基础。在一段确定的关系中，我们并没有展现自身最坏一面的自由。避免这种情形的方式，就是永远带着尊重的态度去和对方沟通。你可能会失控发了脾气、说了不好的话，然后道歉并请求原谅，但你的目标应该是用语言来表达你的积极感受。

有一个教训是：千万不要心怀怨恨或者在某次摩擦很久之后还处在非理性状态。好几项关于幸福的研究指出，深深的不满和怨恨是对亲密关系最强烈的破坏。在当时表达生气的情绪，在冲突结束后让这种情绪很快过去，比一直保持这种不良情绪很长时间要好很多。

用词、语气和公平感

用词是很重要的。语言使得人类区别于动物。你与对方沟通的方式构建了彼此的关系模式。至少需要五个积极的互动或行为才能抵消一个负面行为。在与你的岳母或婆婆的交往中，需要 1 000 个积极互动才能建立良性关系。[⊖]

你很有必要斟酌选择什么样的语言进行交流，尝试培养用一种充满爱意的方式去表达的习惯，即便是在谈论棘手问题的时候。在菲尔德科技公司——布拉德成功经营的第一家公司里，有一条规则是“不允许对客户或合作方有一丝怠慢”。我们觉得这是一条非常完美的规则，同样适用于生活。如果你对客户或合作方的语言显示出你认为他不值得尊重，那么双方就很难进行顺畅有效的沟通。

当你花时间与对方交流时，非常重要的一点是，千万不要打断对方。我有很多女性朋友，在我们聊天时，打断对方有时是一种娱乐行为，就是为了让对方忘了当时正在想什么。然而，如果交谈对象是合作伙伴，千万不要随意打断对方。认真倾听对方在说什么，确认她说完了，然后再开始说话。

不要在卧室谈论令人紧张的话题。卧室应该是一个让人感觉放松和安全的地方。当你躺在床上的时候，你的伴侣已经睡意渐浓，尽管这个时候看起来可能是个非常好的机会，可以利用对方的弱点采取进攻，其实这样做很没有善意，最后往往也得不到你想要的效果。棘手的问题留在每月一次晚餐约会时解决就好了。

如果你正在努力去理解伴侣的观点，可以尝试用开放式的提问来引出更深入的交谈：

- 关于这一点你可以介绍更多吗？
- 我们如何可以让事情变得更好呢？
- 你想告诉我什么呢？

⊖ 源于www.bakadesuyo.com/is-5-to-1-the-golden-ratio-for-both-work-and.

- 我可以做什么特别的事吗？

当你向伴侣表达你的需要时，不需要有负担。因为这是让他明确知道你想要什么的最简单的方法。表达需求时一定要详细。然后询问你的伴侣，他 / 她需要什么。耐心倾听，即便当你感受到他有失望的情绪，甚至有点激动和紧张。接受伴侣本来的样子，并不意味着你不能要求他做出改变或者向他提出要求，这并非控制欲的体现。

我们曾讨论过，希望被关注以及要求被关注是人之常情。我们每天都要面对不同的压力，我会花很多时间处理来自外界的关注及需求。当布拉德回到家时，他喜欢做饭，以这样的方式来放松、放空自己。当然也有些日子我一个人出去遛狗，狗狗会亲近我，但狗狗给我的与布拉德给我的完全不同。有时布拉德赖在沙发上迷迷糊糊，我想让他把注意力放在我身上，与其生闷气，不如像我一样直接说出来，用一种嬉戏的口吻说："快看我，我，我！"

要尊重你的伴侣说"不"的权利。强迫、内疚以及惩罚、威胁都有可能会让对方答应你提出的要求。但是获得对方真心允诺的唯一办法是，接受"不"就是"不"，不论是在什么环境下。

尽管从孩提时代起我们就被教导，或者通过自身的经历学习到，生活是不公平的，但在伴侣关系里我们仍然需要建立和维护一种公平美好的感觉。当你感受到自己被公平对待，你也会去努力公平对待你的伴侣，以及身边所有的人。

激 情

如果你是创业者的伴侣，而且喜欢充满激情的生活，那么考虑加入当地的剧团吧。因为你的伴侣的工作已经充满了激情，就让他私人生活清净一会儿吧。或许偶尔的争论会让你们更亲密，但如果任其成为两人之间的沟通方式，最终会两败俱伤。

有些人希望成为常胜将军，喜欢赢讨厌输（或者两者都有）。这种想法在一段关系里需要受到限制——感情不是零和博弈，如果你不愿意去鼓励和支持你的伴侣，反而感觉那是一种负担、被迫、责任或还债，那会是一个非常不好的信号。如果你的胜利总是建立在伴侣付出的代价之上，那不是真正的胜利。

尽管激情和情绪化在一段关系里是必然的，我们认为在某个特定的时点通常只会有一个人情绪崩溃。当一个人注意到另一人开始崩溃时，会迅速进入一个理性的、支持型的和解模式。以下是布拉德写下的故事，关于我们如何处理对方的和解信号。

我们曾经在巴黎待了四天，经历了两次和解——一次不是很严重，一次非常严重。幸运的是，这两次发生在不同的时间。由于是在旅行期间，特别是国际旅行，每个人都有可能发生情绪失控的情况。过去多年来，我们已经学会如何来处理对方的情绪。

艾米那次失控是因为缺少食物，发生在第一次去食品店采购前一天。我的处理方式是，主动买单，然后一起回家储存好食物。下午我小睡了会儿，然后出去跑步。我离开家时是下午6：30，在Bois de Bologne跑了90分钟，晚上8：00回到家。我必须说：出事儿了。跑完步后，在冲凉之前，我常常会磨蹭15分钟。这时艾米已经炸了。

“快点，我饿了。”

“好的，再给我1分钟，我输入刚才的跑步记录。”

又过了几分钟。

“快滚去洗澡吧——我饿，家里啥都没有。”

这个时候，我才意识到艾米真的饿了，如果我们不赶紧解决吃饭的问题，战争就要爆发了。我用了5分钟迅速洗完澡，穿上鞋，准备马上出门。但愚蠢的是，我竟然说：“我准备好了，咱们去哪吃？”这么说意味着：“我怎么知道上哪儿吃去，先出门吧。”

一边下楼，我一边对艾米轻声软语地说着话。这时我感觉到那种紧张的气氛开始有了缓解，我马上切换到超级好丈夫模式。当我们走到街边，我说："要不去试试街角那家餐厅。"我的目的是尽快找到一家艾米可以接受的餐厅。但她并不喜欢我找的第一家餐厅，于是我又推荐了下一家。

"要不去街对面的那家餐厅看看？"

"哪家？"

"就那家——哆来咪。"

"怎么进去？"

这时我又犯了一个错误，我在搜寻餐厅入口的时候并没有告诉她我要去干什么。当发现走错了路，我又折回来。当我转回来的时候，在街角，我看见我心爱的女人情绪崩溃。她含着眼泪，说：

"我讨厌这样，我讨厌这样，我讨厌这样。"

"没事的，宝贝。我会找到怎么进去那家餐厅的。"

"我讨厌这样，我讨厌这样，我讨厌这样。"

"你看，我们需要先找个地儿坐下来。"

"我讨厌这样，我讨厌这样，我讨厌这样。"

我们终于找了个座位坐下来，我朝服务生招手。当然，我不会说法语，服务生看起来也不会说英语。服务生把菜单拿给我们，我们终于可以点菜了。在整个过程中，我对艾米一直小心翼翼，生怕再出错。

30 分钟以后，我们终于吃下一些东西，紧张的气氛终于过去了。艾米看着我，然后说："我刚才已经完全疯了。"幸运的是，她是带着饥饿的口吻，而不是愤怒。一场暴风雨过去了。

我那次情绪失控发生在巴黎，为了申请一张能在当地使用的 SIM 卡，我们提前两天就开始尝试给我的 Nexus S 手机申请 SIM 卡，还发了一个博客寻求帮助，获得了很多建议，但是两天后，并没有任何进展。第三天，我又去 SFR 商店试了一下，感觉终于有一些进展了，至少成功地拿到了一张 SIM 卡。

每到一家商店，由于几乎没有店员可以说流利的英语，艾米不得不去完成所有的事情。为了避免不断听到“不”“不是”“没有”这些否定的答案，她尽了最大努力去沟通我们需要在法国完成的事项。但是艾米讨厌科技类的产品或服务体验。她讨厌逛 SFR 店，如同我讨厌逛 Prada 店。换句话说，这样的体验对于我们各自来说没有任何乐趣可言。

最后，我成功申请到 SIM 卡，然后我们回家了。虽然很累，经过三天的期待，我还是决定马上开通电话。

我把 SIM 卡放进手机，然后点开 sfr.it 网址。当然界面都是法语，没有英语版本。虽然谷歌是个很好的翻译助手，但我还是不知道下一步该怎么做。

“艾米，你能帮我一下吗？”

“行，你弄到哪一步了？”

“我不知道该怎么激活这该死的 SIM 卡。”

艾米过来了，非常平静地说：“让我看看。”她给了我一些建议，我都试了，但没用。

“真是垃圾。”

“布拉德，没事儿，我们能搞定的。”

“我花了 30 欧元买了张没用的卡。”

“宝贝，我们会搞定的，再试试。”

我们继续尝试。但是在一个重复输入密码的环节，我们停了下来，因为我没有密码，而当我努力设置密码的时候，系统告诉我，我的账户号码无效。

“真是狗屎。我再也不想用手机了，我讨厌手机。”

“没事儿的，我们明天回那个店里，再去试一次。”

“不，我不去。我再也不想去那家店。”

“要不我给你弄点吃的？”

“不吃，我不饿，我只想激活我的 SIM 卡。”

“要不去睡一会儿，休息一下？”

这时候，我使劲儿地摇着头，导致眼镜架里本来就松散的螺丝跳出来，接着眼镜架从我的脸上掉下来，最后我什么也看不见了。

“去他大爷的，我去睡会儿。”

我躺在床上，艾米也过来躺在我旁边，抱着我，轻抚我，直到我睡着。

你会注意到有一个始终如一的模式：在艾米和我的和解故事里。每当其中一个人情绪失控的时候，另外一个会很快进入一个超级抚慰者的角色，而不是先做出各种情绪反应。一方努力向另一方提供帮助，或者至少让当时的状况进入一个好转的模式。我们称之为“帮一头愤怒的熊把毛捋顺”。

当情绪失控时，我们内在的那头“熊”会出现。这头“熊”是愤怒的，比一头急于护仔的母熊更有攻击性。内在的那头“熊”会慢慢发挥出它的威力，四处张牙舞爪。一旦它的利爪碰击了任何一个点，将会加速情绪爆发。当遭遇到伴侣那头“内在的熊”，保持镇定、平静，细声软语，安抚对方。

如果内在的那头“熊”的暴怒持续升级，它会越来越疯。如果孩子不在周围的话，当“狗屎”和“杂种”这样的字眼儿出现的时候，意味着暴怒会持续升级。作为那头“熊”的伴侣，保持冷静。不要批评，不要升级，也不要做出反应。你要明白你正面对的这个人情绪失控了，当然你也要了解这个状况会过去。你的目标是，在等待风暴过去的过程中，做点什么来创造一个宁静安全的环境。

最后，风暴会到达顶峰，会出现一把鼻涕一把泪或者冲着一些东西大喊大叫的情形。即使你并没有让糟糕的状况升级，但不幸的是，对方的愤怒很可能会指向你。如果是这样，要更加小心。你下一步的行动应该尽可能地支持“那头愤怒的熊”。

风暴终究会过去的，就让它过去吧。

艾米·巴彻勒，Anchor Point Found

布拉德·菲尔德，Foundry Group

管理愤怒情绪

尚未解决的问题会很容易引发双方愤怒、不满、挫败的情绪，甚至导致互相诋毁及其他问题行为。毫无疑问，处理负面情绪的方法是，随着时间的推移来逐步深入讨论双方对于分歧的感受和导致问题的根源。每个人表达愤怒的方式都有可能是一个巨大而可怕的冲突源，而如何科学健康地处理愤怒情绪，对于建立长期愉快的关系是非常重要的。

当出现愤怒情绪时，采用不同的交流方式去应对，是很有挑战性的。如果你们其中一人的情绪即将爆发，空气中充满火药味，那么另一方也就不可能再去谈论他关心的话题。尽管我很容易往这种糟糕的方向去，但是我们俩从来不会出现这种情况。任何时候，只要布拉德发现我的情绪即将爆发，他就会后退一步，开始缓和局面。

通常，愤怒会夹杂着其他的情绪扑面而来，相比隐藏的伤害，愤怒表达得更容易、直接。怒火常常让人感觉充满力量感，伴随着异常的兴奋，但同时内心也会害怕自己被抛弃。有些人比身边的其他人更情绪化，但即便是最易怒的人，也能找到合适的方法去表达愤怒，而不是简单粗暴地通过尖叫、发脾气或突然爆发来发泄怒火。当我们想要传递强烈情感或情绪的时候，尝试先做一点自我控制，当然这会耗费我们的能量，但却非常值得，你和你的伴侣都会觉得舒服。

在充斥着感性互动的创业者伴侣关系中，让对方来解决你的问题或者是找出你生气的原因，会让他抓狂。解决问题的男女性别差异和移情混在一起时，尤其烦人。认识到这一点之后，当这样的情况出现时，要尽快安抚“那头暴怒的熊”。这比解决问题本身更有效，如果只是关注于需要解决的问题，只会让情况更糟糕。

努力先让气氛缓和下来，总要比让情况持续恶化更有效。真实地表达出你当下的感受，或者在你平静下来的时候再开始表达。记住，当一个人处于愤怒状态时，是会忍不住持续表达负能量的。少表达负能量，多做积极有益的事情，对于情况的改善会更有帮助。停止争吵，出去散散步，打个网球，或者参加一个跆拳道的课程。坐在一旁不出声或者故作冷淡的对话，都会让情况更糟糕。其实在这个过程当中会有很多次机会，走动一下，稍等一下，当感觉自己平静下来时，再跟对方重新开始交谈。千万记得！先让气氛慢慢缓和下来。

激烈冲突

有效沟通的一个关键要素是，在双方都保持放松、愉悦、愿意倾听和交流的前提下，选择一个合适的时机和场合来进行沟通，并且这种沟通和交流是建立在双方都接受的基础之上。如果其中的一方身处疲惫中，处在被工作包围的状态，或是还在焦头烂额地处理其他事件，那么双方是无法达成真正沟通的。一方或双方处于愤怒状态时，更要非常注意。

每个人在愤怒状态下会表现出不同的个性特征。我很害怕看到别人生气、失望或者显得不开心。我的确很在乎别人的看法，我一直努力使自己显得不是一个需要寻求别人认同或者为了获得别人的认同而去取悦对方的人。我知道这是一生的修炼。相反，布拉德从来不会过分在意别人是怎么看他的，当别人生气、失望或者不开心的时候，他依然会正常真实地表达自己。他会关注事情本身的发展，努力提供有帮助的、建设性的意见。

可以想象，在创业者伴侣关系的早期磨合中，会呈现出这些迥然不同的个性特质。对于我来说，害怕、生气、失望和不开心，这些情绪会捆绑在一起，同时出现在某一个场景里，其实只要其中的一种出现了，我的负面情绪就会被刺激，就会生气。每一次感觉被挑衅，感到害怕或恐惧，我会被激怒，负面情绪也会逐步升级。如果从收到的反馈里感觉到被攻击了，负面情绪会再次升级。我们用了一个比喻——“全球高热原子核反应战争”，来形容这种情形。我们很快认识到，就像电影《战争游戏》（*War Games*）里说的那样，“唯一的胜算是不要过分激化矛盾”。事实上，布拉德从来不会让事态恶化。他会拥抱我，发出一些有趣的声音，笑着上蹿下跳，以此来传递一些信息：我们俩挺好的，我们现在可以放松平静下来。

值得注意的是，布拉德从来不会说“放松”，也从来不会说“别生气”。他从来不会大喊大叫地打断我。就好像下棋一样，他会采取一种迂回的战术，而不是去直接升级一场战争。他采用了另外一种方法，把不良的情绪转换了。尽管如此，我们并没有忽略问题本身，没有忽略究竟是什么引起我生气。我们会等到气氛缓和下来之后再回顾讨论到底怎么了。

每一次发生冲突的时候，我们会使用“我”这样的第一人称，而不是带有指责性的“你”这样的第二人称。说“我生气了”比“你让我生气了”更好，这样对方不会自觉要进行防御、对抗或反击。使用“我”也可以帮助我们把责任放在正确位置，并且促使生气的人忠实于自己的感受。

用“我”的表达方式，我们想说明三件事：究竟发生了什么？我们的感受是什么？为什么会有这样的感受？比如：“当你回家晚了，我会担心你可能发生了意外。”注意，这样清楚地表达了生气的真正原因是担心可怕的事情发生。使用“我生气是因为……”这样的表达方式，不会让对方觉得被指责，不会让对方变得具有防御性、打断你说话。

我们学会了一次只解决一件事情。通过一次只聚焦解决一件引起愤怒和冲突的事情，不会把不相关的事搅和在一起，也不会让棘手的情况变得更复杂。为了可以做到这一点，我们尝试在很短的时间内解决问题，问题一旦解决，会让它过去，不会再重复提及。但是我们也发现，重复提及过去发生的问题，会耗费我们额外的精力，带来误会、愤懑、挫折和生气。而那些没有解决的问题就像黑暗里滋生的霉菌。

有些人从孩提时代起就了解如何在各种关系里去处理矛盾冲突，但是有些人却并不了解。学着如何与伴侣相处融洽，这是一个很好的机会，促使我们去建立新的习惯。不再重复孩提时代旧的行为模式，而是建立新的习惯，建立良好的、建设性的伴侣关系，这会让我们彼此受益。不要害怕向你的伴侣清晰表达你正处在一个什么样的状态，尤其是当你发现自己正在重复一些根深蒂固的坏习惯。此时，学会道歉，请求原谅，接受道歉，尤为重要。

当我们刚开始生活在一起，并且刚开始共同设立一家创业公司的时候，由于布拉德经常要出差，星期五的晚上常常成为每周我们唯一一次待在一起的时候。这个时候我常常想要与布拉德共度亲密的时光，一起说说话。而布拉德却常常已经精疲力竭，根本不想说话。显然，这样的状况下我们很容易产生不愉快的情绪，这个时间的谈话几乎总是会让我们发生争吵，对双方都很不好。我们经常会有一些社交活动，像吃饭、看电影、出去见朋友——布拉德经常迟到，或者只不过是换了一个工作场所继续埋头工作而已。我虽然刚从繁忙的工作中释放出来，却也是筋疲力尽，因而显得缺乏耐心。

我们花了好长一段时间才明白，并不是因为我们的关系本身存在着问题，而是经历了一个工作周之后彼此都非常疲劳，周五显然并不是一个可以让我们进行很好的亲密谈话的合适的时机。现在听起来好像挺简单的，但在当时，我们完全深陷于一个个充满危机的周五。于是我们改变了方式，周五的晚上只是一起吃晚餐，一起看场电影，边看电影边有一搭无一搭地闲聊，按我的要求，只是闲聊，互相都不问对方问题。而深入的谈话放在周末，那个时候我们俩都已经完全休息好，并且可以进行讯问式谈话。

下面是一个案例，说明周五晚上的冲突是如何爆发的。这是最近发生的事情，是非常好的一个提醒，让我们明白其实潜在的问题并没有消失，所以我们需要不断实践那些相处技巧。

周五下午 6：20，艾米打电话给我。我当时想脱口而出的是“去，忙着呢”。我边接电话别下楼，朝我办公楼大门走去。

我：“喂。”

艾米：“我希望你已经快到 Keystone 了。”

我：“嗯，我正在路上，去找你。”

沉默。

很显然，我自己知道犯了什么错。那天早些时候，我告诉艾米，晚上 6：30 左右会赶到 Keystone（我离她有 90 分钟的路程），接上她，然后一起去吃饭和看电影。显然，除非我有魔力可以马上制造一个时空隧道，否则必迟到 90 分钟无疑。

我向艾米道歉。她很恼火，表示出失望沮丧。我再次道歉，然后全身就像泄了气的皮球耷拉下来。事实上，艾米已经精心打扮好，正准备出门，像之前安排的那样一起去吃饭，然后看电影。但就这样，周五晚上的约会泡汤了。

我又一次道歉说是我没安排好，马上开车去Keystone。事实上，过去整整一周，我处于长时间紧张的工作中，感到非常糟糕和情绪低落，这与我的很多其他工作周并无分别。艾米期盼的是可以与心爱的人有个惬意、放松的周末，但是这个周末刚开始就搞砸了，因为周五晚上的活动排到工作后面去了。

20年前，我买了一尊亚伯拉罕·林肯的纪念版塑像，把它摆在公寓里书架的中间位置。那时候我们都才20几岁，都同意“让亚伯拉罕·林肯来帮助我们减少周五晚上的矛盾冲突”。它是一尊没有生命、不会说话的塑像，它最大的作用是提醒我们美国内战和追求和平。很快我们就达成一致，对于周五晚上不要有过高的期望，只是把它当成一个从繁忙的工作中解放出来后，两个人一起放松休闲的机会。

于是，在这个刚刚过去的周五，我和艾米避免了一场冲突。

当我还在去的路上时，艾米打来电话，对于她刚才的坏情绪向我道歉。她表示很开心，并且期待马上见到我。艾米解释说，当知道我因为工作超负荷、约会可能泡汤时，她觉得很失望。这时我感到轻松多了，因为很明显气氛在缓和。虽然事实上我并没有完全从不好的状态里释放出来，但是至少两个人正在朝着好的方向发展。

当我到达Keystone时，非常清醒地知道自己不能立刻查看邮件。我们先互相问候。有几只狗走过来跟我亲昵，我们玩了一阵子，然后点了两杯茶，两个人在沙发坐下来。接下来一个小时，我们一边跟狗玩闹着，一边聊着过去这一周都干了什么、都在想些什么。大概晚上9:30的时候，我们就决定回家了。并没有吃晚饭，也没有看电影，就这样开始了周末。

我和艾米还一直保留着亚伯拉罕·林肯的塑像。耐心等待真正好的时机再开始深入的交谈，这样的方法，我们持续实践了很多年。

避免冲突

被人夸奖为“从未发生冲突的伴侣”的确是件让人很开心的事，这意味着伴侣间要避免不合时宜地谈论棘手的问题，而不是追求完全一致，刻意同意对方的观点。真实地表达自己的不开心，并努力带来让彼此都自然放松的话题，这些是需要勇气的。保持持续开放的沟通的一个好处是，在气氛真的糟糕透顶之前，不断实践和发展更健康的处理矛盾冲突的方法和模式。

相比啜泣或大喊大叫，说“我生气了”的确是个很好的方式。如果你已经生气了，却不直截了当地表达出来，那就是个问题。如果你害怕你的伴侣生气，那么这可能意味着：要么就是你的伴侣看起来很可怕，要么就是你并不知道什么才是健康表达生气的方式。孩提时代不好的遭遇，比如酗酒、精神病、自闭、暴力或者贫穷，都会对我们的个性特质产生深远的影响，并且会影响我们成年后处理压力的行为模式。

很多时候，我们想表达不开心，但又会担心被拒绝和被抛弃，所以我们试图隐藏这些真实的不良情绪。之前在某一集的《辛普森一家》里，玛吉对女儿说：“把所有不好的情绪都踩到脚下，然后给自己一个大大的微笑。”虽然《辛普森一家》是动画片，但是很多在孩提时代遭受过各种“暴力”的成年人也会采用其中的方法，来“健康”地处理比如愤怒这样的负面情绪。有不同意见并不意味着创业者伴侣关系存在危机，要了解这一点并不容易。如果你认为生气或者不安并不是件可怕的事，那么这将是打造健康创业者伴侣关系的开始。

倾　听

只有学会倾听，才能听到对方的真实情感和清晰的需求。在现实中，我们大多数时候都是在说，而我们更需要去做的是倾听。你需要给那个一直在听的人一个说话的机会，你需要克制自己，在特定的时间里保持安静。交流是一个轮流诉说与倾听的过程。为自己设定好时间，在不该你说话的时候，请保持安静。当对方在说的时候，记得你是在听，而不要做出一副随时准备反驳或者辩论的架势。

记得向对方的所感所想表示出共情。同时，注意你的身体做出的反应。你的胃在抽紧吗？你的脖子僵硬吗？你的下巴是绷紧的吗？深呼吸、放松，继续倾听。听对方说出他的真实感受，或许会有不快，但真诚沟通的关键就在于：每个人都能有时间恰当地表达自己。

如果你常常是沉默或者不爱说话的那个人，当你知道自己会有三分钟的时间可以畅所欲言，不会被打断、不会被盘问、不会被反驳，你会感到自由和放松。三分钟的时间也足够让你分享自己的感受，尤其当你并没有足够的机会去表达自己的时候。当然，别忘了在结束的时候给对方一个深情温暖的拥抱。

天哪，难道我们还在探讨我们之间的关系吗？

我们都会碰到某个瓶颈点，就是会反反复复地念叨一些自己认为很重要的事情，而这个过程并没有让事情本身有实质进展，其中一方会觉得很烦，另一方则会觉得自己又做错了。在计划好的时间里谈论棘手事项的另外一个好处就是——结束之后，其他的时间里就不需要再重复讨论，两个人可以跟朋友一起去做或者分享一些有趣的事儿。玩玩手指计数的游戏，在适当的时机给对方一个拥抱，送一束鲜花或者一双小丑短袜当作礼物，都可以很好地调整气氛。

我们也可以暂时放下悬而未决的难题，去选择一次旅行。但是别忘了，需要让对方明白，今天、明天或者这周不想再谈及这些难题，但是未来某个时间还是愿意回来面对直至问题解决。这是个拉长的过程，也是伴侣关系里需要面对和处理的部分。

爱的对话

别害怕向对方做出爱的承诺。有些人从小并不是生长在一个经常互相自然且流畅地表达爱意的环境里，在表达爱意或者接受爱的表达时会感到紧张和尴尬。还有些人，可能是睾酮素中毒，给自己设置了一个很男人的形象，觉得不能随意去做他自己认为很愚蠢的事情，或者去表达他认为很愚蠢的情感，比如向伴侣表达深情、持久的爱。通过语言表达，让伴侣关系里充满爱，是超越你们的过去和限制最好的办法之一，这也是人类和动物的不同。如果有一个伴侣可以经常互相表达爱的承诺，是一件非常值得感恩的事。努力去用各种方式向爱人表达爱，经常使用爱的语言，因为他或她是唯一值得的人。发展属于你们自己的私密爱语。当我和布拉德刚开始约会的时候，有一次发邮件，我们其中一个在敲打键盘时错把"love"打成了"kive"，后来"kive"变成了一个秘密代码。事实上，它被刻在了我的某个周年纪念日的戒指内。在"渴望"这首诗里，Max Ehrmann 写道："不要不屑于去爱；尽管漫漫人生乏味，终将幻灭；但爱如原上青草，风吹又生。"

如果对你来说，自然而轻松地表达爱是件困难的事，Gregory J.P.Godek 的这些书可能能帮到你：

- 《1 001 种浪漫的方式》(*1001 Ways to Be Romantic*)
- 《另外 1 001 种浪漫的方式》(*1001 More Ways to Be Romantic*)
- 《10 000 种说"我爱你"的方式》(*10000 Ways to Say I Love You*)
- 《浪漫问题：264 个不同寻常、甜蜜、意义深远的问题》(*Romantic Questions：264 Outrageous，Sweet，and Profound Questions*)

你可以发挥自己的创造力去发现新的或者属于你自己的方式，去表达爱，你的伴侣也可以与你分享任何他 / 她觉得浪漫的事情。

寻求专业人士的帮助

在我和布拉德的关系比较紧张的几个阶段，我们曾考虑向治疗师寻求帮助。但是我指出，如果布拉德能够做到每周参加一次一个小时的二人约会，很多因为优先排序和时间安排而产生的潜在问题就会得到很好的解决，那么也就不需要做治疗了。我们俩从未一起向专业人士寻求过帮助，这并不意味着我们不鼓励大家这样做。我们都单独去做过咨询来度过那些生命当中比较艰难的阶段，我们都找到了合适的治疗方法，特别是当双方的表现不是特别情绪化的时候，我们的治疗方法很有帮助。

治疗师会帮助你清晰地表达真实的自己，以及你在伴侣关系里的真实表现是如何。如果你背负着很多东西，治疗师会帮助你清空过去累积的这些垃圾，并且帮助你清楚了解你所处关系的现状，而不是去梳理旧的相处模式本身。

家庭暴力

很幸运的是，在我们从小到大的人生里，几乎没有遭遇过家庭暴力，我们俩在一起时也没有过。但我们有朋友却有过家庭暴力的经历。有些人会对另一半拳打脚踢；而有些人更多地使用言语暴力，不时会升级成拳脚相加。不论是哪一种情况，都是非常可怕的，长此以往，对于人的精神和身体健康都有很大的伤害。

如果你的伴侣曾经对你使用过暴力或者有类似的倾向，你应该马上向警察、相关机构或朋友寻求帮助，第一时间迅速逃离。产生家庭暴力或施虐前，可能会有以下信号:

- 通过贬低使对方尴尬难堪。
- 惊吓对方的行为方式。
- 控制对方的一举一动，控制对方不许跟谁见面或说话，控制对方去要去的地方。
- 阻止对方见朋友或家人。
- 拿走对方的钱或社会安全账户支票，让对方要钱或者拒绝给钱。
- 不让对方做决定。
- 告诉对方他 / 她不是一个好的父 / 母，威胁对方带走或伤害他们的孩子。
- 不允许对方工作或求学。
- 把像虐待这样的行为的错误归结于对方，或者否认这样的行为。
- 破坏财物或者威胁杀死家里的宠物。
- 拿枪、刀或其他武器威胁对方。
- 推搡、掌掴、掐对方脖子，袭击对方。
- 威胁对方，要自杀。
- 威胁要杀死对方的父母。

我们非常衷心地希望你不会经历任何形式的家庭暴力。

第四章 创业公司的生活

Surviving and Thriving in a Relationship with an Entrepreneur

创立和经营公司是非常难的事。作为创业者，会面临很多选择，比如选择什么样的工作环境、什么样的企业文化及工作的节奏等。尽管创始人对于企业文化会有很大的影响力，但并不能完全控制企业文化，因为创业是需要协同合作的事情。创业者需要认真去思考企业的核心价值是什么，如何进行沟通交流，如何实施战略战术，如何在日常去践行。

起步维艰

作为创业者，时间表常常是被填满了的。创业是非常艰难的过程并且结果不可预见。成败都不得而知。这种紧张的状态或许会持续一阵子，但不应该也不能无限持续下去。

作为企业的创始人，你会比团队其他成员更有归属感和认同感。就算找到了更牛的员工，很可能也还是只有你自己半夜睡不着，独自焦虑。本 · 霍洛维茨（Ben Horowitz），一位非常成功的创业者，安德森 · 霍洛维茨联合资本合伙人，同时也是欧普斯维尔（Opsware）公司[⊖]的联合创始人，他在自己的博客上把这样的状况描述为“挣扎”:

⊖ 服务器及网络服务供应商，2007年被惠普以16亿美元收购。——译者注

“挣扎”是当你困惑自己创业的初心是什么的时候。

“挣扎”是当人们问你为什么不放弃而你却不知道答案的时候。

“挣扎”是当你的员工认为你在撒谎而你自己也觉得他们可能是对的的时候。

“挣扎”是当你食之无味的时候。

“挣扎”是当你怀疑自己不能胜任公司 CEO 职位的时候。

“挣扎”是当你知道自己无能为力却没有人可以替代你的时候。

“挣扎”是当每个人都认为你是个笨蛋，但是却没有人可以解雇你的时候。“挣扎”是当自我否定变成了自我憎恨的时候。

“挣扎”是当你正在与人谈话但却听不进去一个字，不知道对方在说什么的时候；因为你听到的一切都是“挣扎”。

“挣扎”是你想让一切痛苦都停止的时候。

“挣扎”就是一点都不开心。

“挣扎”是当你想旅行放松，却感觉更糟糕的时候。

“挣扎”是当你被人群包围，而你却感觉很孤独的时候。在你“挣扎”的时候，感觉不到温暖和慈悲。

“挣扎”是当你遭遇失信或者梦想破灭的时候。“挣扎”是冰冷的水。“挣扎”是你感觉内心翻江倒海、热血将喷涌而出的时候。

“挣扎”不是失败，但会导致失败，特别是当你很脆弱的时候。如果你很脆弱，会更容易走向失败。

大部分人并不足够坚强。

每一个伟大的创业者，不论是史蒂夫·乔布斯，还是马克·扎克伯格，都经历过痛苦的挣扎，所以你并不孤独。这并不意味着你也将经历挣扎，你可能不需要。

浴火重生，华丽蜕变。

本·霍洛维茨，安德森·霍洛维茨联合资本合伙人在企业经营中，每推进一个必须完成的事项、每发出一批货或者是达到某个里程碑，都是特别令人开心的事。一项任务成功完成后带来的满足感是强烈的，但又是转瞬即逝的。一旦完成了一个里程碑，新的战斗又开始了。“在商界，每当你跨过一个坎，事情就会变得容易很多”，这句话反反复复在多个场合出现，但其实不过是个幻觉，你可能会短暂地感觉到轻松，但是很快就会重新感受到艰难，也许就在转瞬之间。

愿　景

作为创始人，你要创建企业的愿景，也需要创建企业的文化愿景。这不仅仅是为了在企业工作的人，也是为了建立你与企业的连接，包括在某个特殊的日子你想呈现一个什么样的氛围。

理想情况下，企业文化将反映你个人的价值观。如果你个人的与企业的价值观显著不同的话，终将难以为继。就如同智商和情商二者的不一致，会让很多人面临窘境。

如果你和你的伙伴拥有相同的价值观，比如信任、承诺、尊重和交流，那么这会是一个很好的开始。清楚地定义这些价值观，像 SEOmoz 的创始人兰德·费舍金和他的团队那样把这些价值观写进公司文化手册里，最重要的是，要在生活中随时随地去践行。如果有团队成员不愿意分享这些价值观，那么让他们离开，让他们去寻找他们想要的价值观。如果这些价值观与你和合作伙伴的价值观不一样，那么就需要想想为什么会这样。

企业运营模式

企业有自己的运营模式。比如周会、月度目标、季度财务指标还有年度计划，就是企业运营模式的具体表现，也是为了统一节奏、保证工作按时完成。但是这些与创业者个人的生活模式并不是一致的。

关于如何创办一家初创企业，说法不一。很多创始人像不眠不休的机器一样地工作，甚至牺牲了个人生活而全力投入工作。然后有一天，他们“死机”了。所以，效率更高的做法是建立一个劳逸结合的工作模式。因为尽管时代在进步，我们至今还是无法像机器那样工作。

在这本书里，我们介绍了很多种运营模式，大部分在第七章里会有说明。比如设立“断网假期”，整个假期，你都可以远离网络，不会收到任何电话，不查看工作邮件，不会有人要与你谈工作。只有你和你的伴侣，100% 的时间和精力都只关注对方。一旦你感受到这种假期带来的力量，你会让整个企业受益于它，就像巴特·洛朗（Bart Lorang）那样在 FullContact 公司给所有人提供额外的带薪假期。

留出独处的时间，是另外一种可持续发展的模式。创业者整日被各种各样的人和事所包围，被来回来去地拉扯至不同的方向，还有大量的工作都需要时间去完成。往往首先会被牺牲掉的就是独处的时间。你是个热爱跑步的人吗？我还需要再处理一些邮件，所以今天不能出去跑步了。你练瑜伽吗？别做梦了，瑜伽课开始之前我没时间开车过去。你喜欢阅读吗？我在等邮件。去院子里静静地待一会儿？我还要再打一个电话。

无休无止的工作经常让创业者连创新的时间都没有了。很多创业者是非常棒的创新者或者发明者。在创业早期，创业者往往是原始创意的提供者，是他们写出了第一行代码，是他们创建了原始模型。但是他们现在被大量的管理事务包围了，每一天的日程都安排得满满的，各种面谈、各种电话、各种会议、坐在马桶上还要查看邮件。

之后会被牺牲的是家庭时间。你的伴侣和家人永远看不到你。就算跟家人在一起，家人们也不是被优先顾及的——创业者会不时地在手机上查看一下邮件，或者匆匆说一句“我需要接个电话”就离开，或者心不在焉，或者在餐桌上目光呆滞、明显若有所思。

企业不是大家庭

这句话你应该听过很多次：“在这里，我们把每一个人当成家人。”把企业比喻成一个大家庭，这个方法已经使用了很长一段时间。有时候有用，有时候并没有用。

要知道，很多家庭都是有问题的。家庭作为一个整体时可以正常运作，但是很多方面存在问题：父母会吵架，孩子会做坏事。惩罚是无效的，还会产生更多不良的行为。很多问题其实是被长年累月积压下来，待到成年后再需要多年的疗愈才能得到解决。

而企业比家庭更多变、更复杂。想象一个典型的家庭是什么样的——两人因相爱走到一起，有了几个孩子，然后波澜不惊，直到其中的父亲或母亲去世，或者离婚，或者其中一个孩子结婚。在很长的时间里，家庭结构没有变化。但在一家快速发展的企业里，可能每一周都有新的人员加入进来。

你真的确信你希望企业里的每一个人会有在家的感觉？作为一个创业者，你有机会从企业创立之初来定义企业文化，随着业务的持续发展，企业文化也要不断更新迭代以匹配你的价值观。反复思量，选择你想要的企业文化，而不是纠结于某一个用词——对企业里的每个人来说词义是各不相同的。

适当地和伴侣分享

当你三更半夜在床上翻来覆去，为企业发展问题头疼不已时，你的伴侣很可能已经感受到了你的焦虑，即便她已经准备睡了。特别是当你们一起吃饭时，你的走神其实已被对方看在眼里。

一种极端是，有些创业者不会跟他 / 她的伴侣分享任何事。“工作的事情只限于办公室”这种老掉牙的论调，对于创业者来说只是自欺欺人，尤其是现在伴随着科技的发展，使得家和工作的界限非常模糊。

而另一种极端是，创业者事无巨细都会跟他 / 她的伴侣分享。生活里都是工作，创业者的经历和感受变成了每一次交谈的焦点。这会使你的伴侣会觉得很没有安全感，因为他 / 她对此一无所知，他 / 她也有自己的身份和生活，他 / 她需要分享。下面是亚历山德拉 · 安东尼奥利（Alexandra Antonioli）的建议，他刚刚与一位创业者保持了一年的伴侣关系。

无论喜欢或是不喜欢，他/她的事业都会成为你们的“继子或继女”。当你开始跟一个创业者约会，你就进入了一种这样的关系，你的女朋友或男朋友创立了新公司，这个新公司的业务是她或他非常热爱的。他们非常努力地工作，投入了时间和精力，也许要花很多年去发展公司业务。对于你来说，这家公司的业务可能是无趣的，但确实是他们生活的一部分。就像有了一个“继子或继女”一样，他们不会在一开始就向公司员工介绍你或者告诉你很多关于公司的事情。但他们总是在跟你谈论公司的事。

你也的确需要时间去了解你的伴侣究竟在干一件多么伟大的事情。然而，我发现保持开放并及时分享你的生活是彼此建立信任的基础，这样双方也更容易沟通。如果谈话在一开始比较困难，那么通过书面沟通也许会容易一些。创业者会经常使用邮件和社交媒体。我喜欢给男朋友发送文章、图片或者短信来保持联系。我得到的反馈，就是会收到他的商业文章，听到他公司的最新进展，会更好地了解他的生活是怎样的。

亚历山德拉·安东尼奥利

用一种正确的方式让伴侣融入你的生活是非常重要的。一个不能融入伴侣生活的创业者不可能拥有一段令人满意的关系。在这个过程中，保持平衡很重要。

来自企业家朋友的帮助

你的朋友和家人可能还不知道，要走好创业之路，除了个人努力之外，他们的参与也很重要。所以你需要多与他们分享你的创业点滴。你可能会发现朋友是你获得支持、鼓励和智慧的资源。布拉德是青年企业家俱乐部（YEO）两家分会的会员（波士顿和博尔德）。YEO，现在叫 EO，是一个企业家组织，在这里，创业者可以找到与自己处在同样挑战级别和荣誉级别的同道中人。

你可能还会在其他正式和非正式的企业家组织中找到自己的同类。在博尔德和丹佛，这些组织包括博尔德开放式咖啡俱乐部、博尔德开放式天使论坛、博尔德丹佛新科技相约网，还有科罗拉多大学的几个组织，包括“硅谷熨斗”创业计划。你也许没有充足的时间参加这些与业务没有直接关联的活动，但是与这些企业家建立连接是很有帮助的。

另外一种可以获取的有效资源是专业指导。我们一位亲密的朋友，杰里·柯隆纳（Jerry Colonna），是企业家、联合投资人以及 The Monster in Your Head 的职业人生教练，并领导着 Cojourneo 的线上工作室。杰瑞也以“硅谷的尤达大师”之称而闻名。他非常唯美地描写了创业者们忘情地投入创业的场景。

他的焦虑很严重，非常严重。事实上，在最初的时候他甚至没有意识到这一点。但是当他给我打电话时，我能从他的声音里听出来，我能感受到。

“你的呼吸怎么了？”我问道，“听着你说话，我都无法呼吸了。你的声音好像是从你的喉咙后面发出来的。放慢一点，告诉我怎么回事。”

他向我保证一切正常。从刚刚的会议能看出公司的前景很不错。潜在的客户——一个大的消费品制造商——计划购买一个很大的广告位，他的公司正在落实具体实施。

“行。”我说，接着继续问：“假如这一单不能做成呢？”

空气中好像有个气球被戳破了。

“那我们就玩完了。如果我们拿不到这一单，我们就没有可能完成年度目标了。”

“那你上个季度的业绩呢？不算数吗？”

他陷入了沉默。

“究竟怎么回事？”

原来，他们没能完成第四季度的目标，并且与预期相距甚远。成本已经超出了预期的10%，甚至更多。相当于有40%的收入蒸发了。

他吸了一口气——可能他一开始给我打电话就是想告诉我，董事会已经告诉他，如果他不能完成第一个季度的目标，他可能会被炒鱿鱼。

“然后呢？”我带着一点怒气，像个教练一样继续询问。

“然后？！然后我就失业了！”

“你从来不愁找不到工作——这是你真正担心的事情吗？”

他又停顿了一下：“不是，我担心我们的商业模式有问题。”

我又带着怒气问：“然后呢？”

“如果我们的商业模式是错误的，那么我过去三年的时间就都浪费了。”他几乎喊出来了。

又停顿了一下，他的声音低沉，呼吸沉重，情绪激动。

“还有比这个更糟糕的吗，”他说，“我以后的生活会被贴上失败的标签。”

他余下的人生就被一个没有完成工作目标的季度给定义了？

很少有人能够明白作为一个创业者有多难。

戴维·怀特（David Whyte），一个出色的诗人，与很多大公司进行了对话和咨询后，非常形象地描述了这些公司的负担是如此之重：

> 有一个非常古老的中国传说，说的是一个很老的制陶大师，他想给瓷花瓶上一种新的釉。这成了他生命中最重要的事。他把窑炉的火焰烧成白色，把温度控制得非常精准。每天他都用火焰来反复做实验，但瓷花瓶上的釉还是无法呈现出他想要的美丽效果。最后，尝试了所有的方法之后，他决定结束自己的生命，走向了熊熊燃烧的炉火。当他的助手打开窑炉，拿出花瓶，看到了他们从未见过的精美。而这位制陶大师就这样消失在了自己的作品里。

我们当中有多少人，在创立企业、制作产品时，是用我们的鲜血和骨肉，在创造这种世上独一无二的精美的釉？把整个人的全部都投入到大火之中，多么浪漫、多么有魅力啊。最后，犹如怀特所说的那样：

> 工作是那团火焰，我们投身其中以求变得完美，就像投入熊熊火焰中的那位制陶大师一样，当我们自己走向那团火焰时，就把最核心的元素和完满加入其中，把平庸转化为神奇，用每一天的努力去铸就绝世罕有的精美。
>
> 我完全了解这一点，在为客户服务的时候，我也会有这样的心情。但是我也会警觉为此要付出的代价。消失在窑炉的熊熊火焰中的那位制陶大师创造出了意义非凡的作品。但是最后，他再也回不来了。
>
> 杰里·柯隆纳，职业人生教练

不管你有什么样的支持和关系，我们都鼓励你去找到对等的圈子，这样在创业路上你才不会觉得孤单。

第五章 创业者的个性特质

Surviving and Thriving in a Relationship with an Entrepreneur

在美国文化中，创业者拥有神话般的个性特征，当然，有些是真实的，有些是虚构的。创业者也分很多不同类型：魅力十足的领导者、技术怪人、精力充沛的销售员、坚韧的布道家、没头没脑的梦想家。通常，这些类型的创业者涵盖和体现了个性特征从非常内向到极度外向的人。在这一章里，我们将探讨创业者个性特征中的复杂性和双重性。

大部分人完全没有觉察到自己的个性特征，更不要说同伴的个性特征了。这就导致各种不同个性特征的创业者在一起，随着时间的推移，关系会变得越来越复杂，需要面对各种压力和具体的沟通情境。

在这一章，我们将去发现创业者个性特征的具体表现。我们将会超越在创业这种情形下的应用，目的是为伴侣们提供一个舞台，帮助你们更深入地了解彼此个性特征中的关键部分。

找到平衡点

建立一段新关系的激情和兴奋，再加上开始创业这件事情，你是否像喝了催情的鸡尾酒？你真的能同时承受创业和谈恋爱的强度吗？不幸的是，世上没有万能的模板。每家公司都是独一无二的，每个创业者的浪漫故事也如此。一个缜密的方法会有助于创业者处理好伴侣关系和工作关系，甚至能让二者互相促进。

和商业类似，为你的恋爱生活设立一些经过深思熟虑的目标是非常重要的，对于帮助你处理好个人和创业生活的关系至关重要。这听起来一点儿也不浪漫，但是诚实地面对你自己处在人生的哪个阶段非常重要。你是否刚刚开始创业，相较于各种各样的关系，更加关心事业？或者你是否在寻找一种更持久的关系，来改变你生活和工作的平衡，可能会组建家庭？花些时间想想创业公司和伴侣关系的理想平衡状态是怎么样的，免得以后伤心。你是否愿意放弃一些深夜加班的时间，来谈一场新的恋爱，或者偶尔和一个很早就想见面的好朋友吃一顿晚餐？这些都是值得去思考的：你的能力、精力和时间是否都花在了伴侣关系上？和商业一样，基于特定的工作目标，不能过度投入或投入不足，找到那个平衡点才是关键。

无论你的爱情生活的终点是什么，要明白这个终点对于一段成功的关系非常重要。伴侣对于你职业的尊重和支持非常重要。创业者是一群另类的物种，聪明地选择合适的伴侣，将会深刻地影响他们在创业和爱情这两项高强度行为上的成功。创业总会伴随着起起伏伏，此时，拥有一个能够理解和支持你的伴侣，会让你的感情生活顺风顺水。当然，理解是一件双向的事情。花些时间去想想你的伴侣有哪些需要，在事业、个人目标、情感需求上支持他们，这是非常重要的事情。深入了解彼此，会形成一种强连接、清晰的需求和无压力的状态。就像众所周知的一样，你的伴侣最后会成为你事业的加速器。因此，你在工作中将会更加聚焦、自信和有创意。

在工作中，创业者所做的任何一个战略决策，都承受着巨大的压力和挑战，并且他们可能不相信任何人。一个新认识的恋人可能会是极佳的帮手，但也可能很棘手。创业者在处理一些高度机密的信息时，随意的分享可能会违背保密原则。而在其他的时候，不与伴侣分享一些关键信息，会让对方觉得自己是个外人。同样，你的伴侣天生地会有某种偏见，所以如果你想寻求客观的建议，伴侣可能不是最好的选择。和你工作上的同事分享私人生活，则是硬币的另外一面。很多初创公司的同事之间关系非常亲密。你是否会和同事分享你的一段新恋情？如果你是老板，如果你的伴侣和公司别的同事也很熟悉，你的伴侣就容易处在一个比较难堪的境地。这种复杂的关系将会给你自己、伴侣和同事带来尴尬。开始一段新恋情时，清晰地界定信息分享和披露的范围不是一件容易的事情。花些时间，开诚布公地沟通这些事情，找到一个平衡点。

外向与内向

创业者通常被认为是外向的，但很多创业者事实上非常内向，他们承担了团队中某项重要的职能。因为创业者必须是自己公司对外的形象代言人，需要常常和形形色色的人打交道，例如员工、客户、合作伙伴和投资人。通常，创业者在公司相关的活动中都是公共形象和注意力焦点。即使对很多外向的创业者来说，这都令人疲倦。

处理好工作和伴侣的平衡关系影响甚大。我们两个都是自认为内向、但在公共场合会给人留下深刻印象的人。布拉德经常会表现得像一个外向的人，但是我知道在外向的外表下，布拉德承受着多大的压力。通常，布拉德演完“外向的人”后，会感觉到崩溃，非常需要养精蓄锐。作为伴侣，我深谙此事。我就会给布拉德留出空间。

相反，我则更容易不安，对于公开活动也不是很感兴趣。布拉德不会给我压力，让我去参加一些公共的商业活动，而是让我自己选择。作为伴侣，这样做对双方都是没有压力的。布拉德向我承诺，由我决定、选择自己喜欢的活动出席。布拉德也创造了一种场景，让自己可以安静下来自我充电。

内驱型与外驱型

创业者除了按内向和外向分类外，还可以分为内驱型和外驱型。外驱型创业者更多地会被赞赏、认同和积极的反馈所驱动。相反，内驱型创业者被成长、认知突破和具体的成功所驱动。

通常，人们会困惑于什么是内驱型创业者、什么是外驱型创业者。布拉德是典型的内驱型创业者。当有人给他赞赏和积极反馈时，他都会谦卑地倾听，但其实对他没什么影响。如果他学习到了新知识，则会极大地驱动他。与布拉德不同的是，虽然我也同样喜欢学习新东西，但赞赏和直接的奖励更能驱动我。一旦缺少赞赏，我就失去了动力。当然，过度的赞赏也会让我失去动力，尤其当我把过度赞赏当成是不真诚的时候，就会贬低赞赏的作用。

在你的伙伴关系中，了解每个人的驱动类型将有助于改善你们之间的沟通，更容易提出他们喜欢和愿意听的反馈。

追求成就感与追求独立

创业者通常还可以分为两类：一类追求成就感，另一类追求独立。埃德·罗伯茨在他的经典著作《高科技创业者：超越 MIT 经验》(*Entrepreneurs in High-Technology:Lesson from MIT and Beyond*) 一书中提到，追求成就感的创业者比追求独立的创业者更成功，但这两个特质都是创业者的关键个性。

但独立是把双刃剑。卢拉·弗农（Lura Vernon）——连续创业者托德·弗农（Todd Vernon）的妻子，向创业者强烈建议：和一个独立的人结婚。在他们结婚之前，她是一位专业火箭科学家，就职于美国国家航空航天局（NASA）的德莱顿飞行研究中心。对于创业关系中的独立，她是这么认为的：

当我和托德刚结婚的时候，他每周工作 7 天，每天工作 24 小时，当然他也在赚钱。那是我第一次发觉我可能嫁给了一位创业者，结果我的猜测是正确的。托德开了好几家公司，也有时全职在家工作。我听过他对投资人、总裁们、董事会的愚蠢决定大喊大叫也曾被那些疯狂的、具有传奇色彩的员工所吸引。公司的事情永远跌宕起伏、精彩纷呈，让他不知疲倦。

这是我对创业者的建议：和一个独立的人结婚。你终有一天会感到疲惫，无论是因为在工作中体能上的消耗，还是做上百万美元决策时精神上的压力，足以让你精疲力竭。你的伴侣需要有自己的成就。但这种独立是一把双刃剑：如果她非常独立，那么她可能宁愿保持单身，也不愿在一段糟糕的关系中将就。如果你娶了一个独立的女人，和她在一起的时候，你要能够去经营两人的关系。你要配得上她为你洗衣服、为你做饭、为你养育孩子。和她在一起的时候，你需要全力投入，帮助她，听她谈她每天的生活，无论是孩子吐奶了还是狗呕吐了，或者她在NASA的工作（最好都要认真倾听）。尽可能地尊重和她在一起的时间。

下面是我对一个和创业者结婚的人的建议：接纳他本来的样子。我度过了无数个绝望的早晨，因为丈夫越帮越忙。到今天为止，我依然无法理解。我只是让他帮忙找女儿的鞋子并帮她穿上，只需要下楼，鞋子就在沙发里的天线宝宝旁边。可是等了半天，仍不见鞋子的踪影。我意识到，他对于早晨要做的这些事根本帮不上忙。但是，他在晚上女儿洗澡和讲故事时却能发挥极大作用，并且轻而易举就能做得很好。

同样，对于任何一段婚姻，无论是嫁给一个创业者，还是发型师、驯犬师，我建议你要时刻保持幽默感。当他兴高采烈地第二次撞坏了你的汽车，你最好从个人角度出发想想是否需要调整自己的保险需求，谁让你认识这个家伙呢！当你们在开曼群岛度假时，恰好遇上一场飓风，谁又甘心在一个理想的度假胜地窝在屋里玩牌呢？幽默感可以让关系保鲜和有趣。

卢拉·弗农，家庭主妇

托德·弗农，Lijit公司创始人

冒进与保守

创业通常被看作是一种冒险的尝试，很多创业者都有在创业之外的其他方面降低风险的强烈愿望。在伴侣关系、家庭和对外活动方面追求安全感的人，通常被发现也合乎传统意义上的、热爱挑战的企业家性格。

对于创业者来说，冒险有不一样的定义，他们更愿意承受经济上的风险，而不愿意承受在伴侣关系中受伤的风险。创业者的伴侣通常很难理解这一点，涉及金钱问题的时候，尤其在刚起步的伴侣关系中，这将会变成前所未有的挑战。下面是我们的朋友亚历山德拉·安东尼奥利对这一话题的描述，他和自己的创业者伴侣在一起一年了。

在所有的关系中，无论是浪漫的情侣、女朋友或男朋友、父母或兄弟姐妹的关系，金钱都是一个热门话题。对于创业者来说，当你成为一个有影响力的人时，最具挑战的是你不理解他们对金钱的感受。

一个朝九晚五上班的工薪族无法像创业者一样看待金钱。就像我一样，金钱对很多人来说，就是工作开始时定好的工资，之后每个月我们都会知道的一个数字。这非常确定。

而对于创业者来说，现金流是在不断变化的。财富是慢慢积累的，创业的过程中会赚钱，也会赔钱。赚了钱就不断地雇人，赔了钱就意味着不停地辞人。创业者需要做出决策，在这个过程中，将会面临挑战，同时伴随着压力和令人沮丧的情绪。

亚历山德拉·安东尼奥利

性别差异

性别差异是一个宏大而有趣的话题。在书店里和大学图书馆里，关于这个主题的书真是汗牛充栋。神经科学家通过生理上的差异研究男女的大脑，已经有很多的争议和话题了。在我们的经验中，尽管目前还没有发现两性之间存在结构性差异，男女的大脑类型还真是不同。

清晨，我们在酒店的房间里。布拉德坐在电脑前处理他的邮件，专注于一个今天要发布的产品。我穿着浴袍，坐在床上读《纽约时报》，这是我在旅行中最爱看的报刊之一。

我们的大脑在两个完全不同的地方。布拉德在一个具体、细分的领域非常深入。我的阅读范围很广，比如每篇文章、报纸的每一页。布拉德更偏向于沉浸在某个话题中，而我则更喜欢浏览表面内容。布拉德的大脑是工程师式的问题解决模式。我是喜欢自由的艺术家模式。

此时我们的沟通将会变得一团糟。除了看待事物的方式不同以及性别差异，布拉德需要在慢慢醒来后，有90分钟的安静独处时间，而我希望布拉德在完成12小时的紧张工作后能够和我互动。这显然会带来一种潜在的紧张关系。

不过，我们相处得很愉快。我们学会了彼此只是身体在一起，不需要统一解决问题的模式。我们品味着安静和非语言的沟通，接受这种差异，只是享受和彼此的亲近。

求同存异

这些行为将会一直持续。我们喜欢将彼此称为工程师或诗人，以减少孰优孰劣的评判。工程师和诗人拥有完全不一样的世界观和沟通风格。工程师更倾向系统性、真实性、逻辑性和理性。诗人更倾向隐喻性、相关性、开放性和感性。我们同时会有这些不同的特质方面，但是通常会有某一种特质占主导。如果在伴侣关系中的两个人处于男女两性沟通模式的两个极端，那么就需要掌握一些技巧，了解在一些特殊的沟通时刻彼此的需求是什么。

在研究世界观多样性的时候，我们发现了这些有用的标签。有时候这些和男女性别差异完全吻合，有时候则不然。当然，也有女工程师和男诗人（拜伦、济慈、雪莱……）。运用这些标签，可以避免产生一些极端看法，比如认为理性高于感性或者男人是情感的白痴诸如此类。这种说法也有助于你和伴侣以一种温和的方式描述彼此在感知和处理问题上的差异，不容易挑起关于性别心理方面的争论，诸如事实胜于情感、女性天生就不擅长理工科这些话题。

固执与变通

对于人生和初创企业来说，失败是无法逃避的一部分。关键在于，你和你的伴侣如何应对失败。如何重新恢复？在起起落落的循环中如何彼此支持，尤其是这个循环持续了很长时间的情形下？

我们当然需要全身心投入到工作中去，但对工作之外的事完全置之不理是不现实的。那些不可回避的重大意外冲击包括：互联网泡沫破裂、9·11事件、家人的重大疾病或死亡、生意失败、你自己生病或受伤。工程师式思维模式的一个潜在缺点就是，过多考虑既定的规则、疏于考虑各种不同情形出现的可能性，尤其在面对复杂情景时，缺乏以成长为导向的灵活性。你对于自己能否持续成长、能否让学习贯穿终身，或者你对于自己的天赋才华是否可以一直保持的态度，会极大影响你的恢复能力和在艰难环境中学习的能力。

关于这个主题的有用且有趣的推荐书单：

《终身成长》（*Mindset: The New Psychology of Success*），卡罗尔·德韦克（Carol Dweck）。

《恢复力》（*Resilience: Why Things Bounce Back*），安德鲁·佐利（Andrew Zolli）和安·玛丽·希利（Ann Marie Healy）。

解决问题与同理心

电影《黑白游龙》（*White Men Can't Jump*）里有令人难忘的一幕：比利·霍伊尔（Billy Hoyle）和格洛丽亚·克莱门特（Gloria Clemente）一起躺在床上，格洛丽亚对比利说："亲爱的，我渴了。"比利没有说话，起床走向厨房，接了一杯水回到床上，递给了格洛丽亚。当比利爬上床的时候，格洛丽亚把水泼了比利一脸。比利大吃一惊，说道："怎么啦！"随之而来的是一段漫长的沟通，可以总结为："亲爱的，当我说我渴的时候，我不是需要一杯水，我是希望得到你的关心。我希望你说：我理解渴了是一种什么感觉。"

这一幕点醒了我和布拉德，无论是需要解决问题还是表达同理心，我们都能很快地理解彼此。当我提出一个问题或抛出一个议题，布拉德习惯性地启用问题解决模式。而通常，我只是需要关心而已。但我不需要去解释，而是淡淡地说"亲爱的，我需要一杯水"就行了，这是给布拉德一个信号，我不是需要解决问题，而是需要关心和互动。

有时候，你只是希望感受到有人倾听、理解你。你不是这个荒诞和冷漠世界里的一个疯子或孤独的人。理想状况是，你的伴侣可以根据不同情形，既能解决你的问题，又能让你感受到他理解你的真实感受。同理心会帮助你在不同的模式中进行沟通。

乐观主义与悲观主义

创业者更趋于彻头彻尾的乐观主义。有很多关于乐观主义者通常会更幸福和长寿的研究，例如 *Aging* 杂志的一个新研究成果发表在了《赫芬顿邮报》上。

变得非常乐观以后，也有很多奇怪的事情发生，例如布拉德感觉从我们家到办公室的交通时间是零，而按照经验来说至少得 30 分钟。我们发现，这个时候向你的乐观主义伴侣提问，例如“布拉德，你感觉到办公室需要多长时间？”这会比简单地认为他在做白日梦更有效一些。

当极度乐观主义者得出他们自己的结论的时候，更有效的做法是，向他们提供一系列事实依据。

公众角色与私人生活

在这个公众角色与私人生活的边界逐渐消弭的时代，决定和你的网络听众分享哪些内容是一个挑战。关于哪些是隐私，哪些适合和素未谋面的人分享，很多伴侣都会有不一样的看法，这很正常。每个人都要最大限度地保证自己的隐私不被别人知道。对于其中一方要求更多隐私的情况，我们采用了一票否决的方法。我的 Twitter 粉丝基本都是现实中的朋友，布拉德的却没有这样的限制，他有超过 10 万名粉丝。虽然我感觉其中大部分都是水军。

我们处在向网络世界转型的风口浪尖。有些人乐于分享自己的每一个足迹（Fitbit）、位置（Foursquare）或锻炼记录（Runkeeper）；另外有些人不想留下永久的网上记录，远离社交媒体。需要通过沟通厘清彼此的需要、期望和需求，才能解决这些差异。如果一个人分享了另一个人不愿意公开的事情，就只能一次又一次地运用道歉的艺术了。

作为创业者的伴侣，将自己的私人生活和公众角色完全分开，通常很难，甚至不太可能做到。如果你为公司开了博客，就会有 10 万名用户通过这个平台来了解你。和网站上呈现的你相比，你的伴侣显然会看到一个不同的、更复杂和多维度的你。但很多生意上的往来都是只和你公开的那一面有关。

作为一家公司的创始人，这种设计好的自我形象也是一种基本的保护机制。你可以刻意选择一个角色，以应对网络上不可避免的中伤，而不是把自己柔情的一面暴露给那些“欲加之罪，何患无辞”的网络暴力者。面对布拉德博客上的非建设性、尖锐的评论，我通常会比布拉德感到更失落。所以，识别出你的伴侣的反应尤为重要。作为初创公司，我们需要大量地利用社交媒体工具。但你和你的伴侣需要一起找到让彼此感觉舒服的方式，学会如何在匿名攻击司空见惯的网络上发布消息。

在线与离线

创业者，尤其是初创公司的创业者，处在一种随时待命的状态。对于创业者来说，工作就是最优先事项，邮件没完没了，电话一直响个不停，别人的需求永远存在。希瑟 · 契克尔（Heather Chikoore），创业者汤姆 · 契克尔（Tom Chikoore）的妻子，给我们分享了他们结婚以来的生活状态，以及她为什么觉得这一切都值得。

我们站在教堂的台阶上，马上就要开始婚礼彩排，汤姆突然接到一个他不得不接的电话。汤姆在一周前招聘的软件工程师，要辞去在 Filtrbox 公司的工作。因为这位优秀员工得到了一个更老牌公司提供的工作机会。在婚礼彩排开始的时候，我们就知道汤姆不可能从安排很密、甚至超负荷的工作日程中彻底放松，一家初创公司的创始人要身兼多职。汤姆是CTO、网络管理员、人力资源主管，集所有角色于一身。即使他马上要结婚，这些也都不会改变，无论在什么时候、什么地点，他都得保证公司运转。

但这一切付出是完全值得的。三年后，Jive公司收购了Filtrbox。财务回报非常高。同样令我们满足的是公司在收购前聘用了14名员工，在被收购后将会聘用更多。我带着孩子出席了公司被收购后的最后一个万圣节派对。令我备感惊讶的是，有很多人我都不认识。到处都是孩子，他们的父母都得到了在Filtrbox工作的机会，成为公司的一分子。这和公司三年前起步时的样子完全不同——那时候是在我家的后院办公，只有几名我们都熟悉的员工。

这是我们的功劳，汤姆和我努力做到了，因为我们接受创业带来的挑战，我们抓住了所有成功婚姻中的关键因素。我们彼此忠诚，学习如何更好地沟通，谨守我们的婚礼誓言。在顺境中，我们用质疑带给对方益处；在冲突的时候，我们假设对方都有善意的动机；在逆境中，像大多数人一样，我们从不质疑对方。接下来是关键点：尽管创业会给夫妻关系带来挑战，但是谨记，我们同样需要忠诚于我们的婚姻。

希瑟·契克尔，科罗拉多遗产基金会

汤姆·契克尔，Motion Nexus创始人

在第七章，我们会对如何处理这类亲密关系带来的挑战提供一些建议。

温和与偏执

创业者的特征通常会被定义为：就像热锅上的蚂蚁，不可能停下来安静片刻。创业者是出了名的不安分。积极的一面是，这种能量会驱使他们去做很多工作，为世界创造一些新鲜事物。不利的一面是，创业者不能放松、不能放手、不能让

情绪安静下来、一直处在压力中。在公司的初创阶段，的确有必要像偏执狂一样工作，透支伴侣情感账户中的耐心、支持、鼓励和善意。但是当这个阶段结束的时候，你需要花更多额外的精力，来让这个账户恢复平衡。

还有一些导致伴侣之间时间管理冲突的，就是业余活动，例如健身、锻炼、耗时间的爱好或是痴迷于某种运动。布拉德在美国 50 个州跑马拉松，很明显这会花费大量工作以外的时间。很多创业者同样也是健身狂人。尽管锻炼是整日坐在电脑前的工作的一种很好的调剂，但它同样会占据你和伴侣、家人在一起的时间。你可能不喜欢你配偶的爱好，比如布拉德是一个橄榄球绝缘体，他非常不喜欢看电视，尤其不喜欢看橄榄球比赛。很多年前，我们在一起的第一个月纪念日，我给布拉德的礼物就是，他不必再在 10 月的星期天看橄榄球比赛。另外一方面，很多个星期天，布拉德都在为他的下一场马拉松比赛做准备训练。你需要把一个偏执、聚焦于工作的创业者调整成低档运行、状态放松的人，确保你的伴侣在非工作时间和你在一起的时候是悠闲的。

长期与短期

公司通常会有基于季度财务收入或者其他财务指标的短期工作重心。创业者也需要有短期的计划。我们认为无论对于公司还是伴侣关系而言，建立一种长线思维模式是非常重要的。那些在今天看来似乎是毁灭性灾难的事情，10 年后也会模糊在记忆中。反之，无论顺境还是逆境，保持长期的良好的沟通模式、善行和分享各自的经验，是一生相守的基础。

我们与弗莱德（Fred）和乔安妮·威尔逊（Joanne Wilson）夫妇是近 20 年的朋友。弗莱德是一位非常优秀的风险投资人，创办了两家非常成功的公司，最近创办的一家公司叫合广风投（Union Square Ventures）。乔安妮在他们一开始在一起的时候，也积累了很多创业经验。后来她花了 20 年时间专注于管理他们的家庭和三个孩子。再后来，她作为天使投资人再次投身于创业生态，不遗余力地支持女性创业，运营 www.gothamgal.com 博客，加入创业者协会。下面是弗莱德和乔安妮·威尔逊夫妇对于长期关系的思考。

当布拉德和艾米请我们写“her turn，his turn”文章的时候，我们问道：“这究竟是什么意思？”布拉德给乔安妮写信指出，就是谈谈她在事业中做出的选择和牺牲。于是就非常清楚了。

我们在一起已经步入第四个10年了，这期间我们轮流当过司机和乘客的角色。当我们在大学里相遇时，乔安妮非常清楚她在生活和事业中要什么，而那时候我还没有什么方向。所以，我们搬到纽约城，因为乔安妮在梅西百货找到一份工作。很快，她晋升为一名买手。之后，她辞去了在这个世界级大公司的工作，先后加入了几家服装公司，其中一家是她自己运营的。在这段时间里，乔安妮负责养家，并且满足自己的事业心。而我还在按部就班地工作。

接下来，在35岁的时候，拖着两个孩子，还有一个即将降生，乔安妮放弃了一切，变成了一个全职妈妈。我辞去了工作，开创了Flat Iron Partner公司和合广资本。在接下来的15年里，我负责养家，满足我的事业心，乔安妮处于支持者的角色。

最近，事情又有一些变化。我们的孩子都长大成人了，开始了自己的生活。

乔安妮启动了她的www.gothamgal.com博客，并转变为自媒体和投资公司。她写文章、策划活动、做天使投资、做导师、做教练、给别人提供建议。现在又轮到她上场了。

在我们的关系中，这个接受和给予的游戏完全超越了生意和事业的范畴。乔安妮做饭时，我洗碗。乔安妮管理我们最大的项目时，我负责写书。诸如此类。

允许每个人都有机会坐在驾驶位置，是一段健康关系的关键。如果其中一个人拥有所有乐趣、吸引了所有注意力、赚了所有的钱，很可能会导致不健康、不平衡的关系，引发紧张和埋怨。“her turn，his turn”的方法需要双方不时地坐后排，坐后排不一定是坏事。

弗莱德·威尔逊，合广资本创始人

乔安妮·威尔逊，Gothamgal 博主

第六章 几个核心价值观

Surviving and Thriving in a Relationship with an Entrepreneur

就像第五章写到的一样，人们在方方面面都是有差异的。因此，为了拥有良好的关系，需要分享一些通用的价值观。这些价值观包含如何沟通、如何许下对彼此的承诺，分享对责任、信任和忠诚的定义。

我们对最好的自己的认知，是随着时间不断进化的。有些人，例如我，从小父母离异，对我和布拉德的关系是不确定的。但可以确定的一点是，我们都想拥有比父辈更幸福、稳固和良好的关系。布拉德在一个健全的、共同经历过顺境和逆境的家庭长大，因此在经历各种危机时，他会对婚姻更加有信心。

在这一章，我们将探讨一些共同秉持并相信的核心价值观，在相处的早期就这些价值观达成一致是非常重要的。就像很多成功的关系一样，我们也曾一起经历过起起落落。这些共同价值观，让我们在共同定义哪些是重要的和正确的事情时有了事实根据。

表达与行动

在一段幸福的关系中，就像我们之前和以后都会重复说的一样，沟通是一项基础要素。创业者都是行动导向的。他们不断地行动，解决问题，不停地决策，之后执行决策。优秀的企业家在对外发声时都经过深思熟虑，因为他们知道在公司里说的一切，都有可能会被放大而演绎成另一种意思。

情侣之间更是如此。如何遣词造句，言出必行，都是非常重要的。可以理解为，一些特殊的秘密词汇，象征着具体的行动和需求，就像一些敏感词汇要尽量避免在任何场合使用一样。举个例子，布拉德讨厌被人叫作“傻瓜”，我讨厌那个 c 开头的单词（cunt）。我们在一起交谈的时候，从不使用这些词汇。也有一些在特定情形下能吸引伴侣注意力的词汇。当另外一半感到不安、失落或情绪失控的时候，我们会用“sweetie”来安慰对方。当我们想要做爱时，我们会用“lover”和对方打招呼。

要很好地沟通，用词是很重要的。但是行动同样重要，尤其是当你陷入了没有履行承诺的困境中时，或者好的意图最后没有变成实际行动的时候。当我们中的一个人说“sweetie”的时候，代表想要寻求帮助。即使一方情绪失控在加剧，支持行动也在继续，没有失控的另一方保持着冷静和专注。用行动不断地强化一些特定词汇为使用它增添了更多价值，但尤为重要的是保持言行一致。

从另一方面看，说你所想，想你所说，其实也意味着不必纠结你所用的每一个词。在一段美妙的信任关系中，你可以做真实的自己，哪怕这个真实的自己是直接的、随性的、非理性的、情绪化的、令人讨厌的。很多年前，“傻瓜”这个词又悄悄地潜回了我的词典里，有一次我说：“布拉德，别傻了！”布拉德为这句话困扰了一会儿。最终，他意识到，这个他讨厌的词触发了自己的情绪。他没有说“艾米，请不要指责我”，而是说“艾米，我讨厌‘傻瓜’这个词，请不要再用它了。你可以指责我，只是不要叫我‘傻瓜’”。我紧接着就从我的词典了删除了这个词。当布拉德做了一些让我不高兴的事情时，我依然会直接指责他。

共同的价值观

在一个理想的、一切都称心如意的公司和伴侣关系的世界中，可能没有争斗、没有冲突、没有坏心情、没有恼怒、没有令人烦恼的事情、没有失败。这是一个美好的幻想，现实却迥然不同。当你不能做到每个方面都完美的时候，你一定需要深度整合你的价值观。

从你的人生观开始。一开始时，我们时常会花几个小时聊聊个人的目标、志向、思想、期望以及梦想。作为年轻人，我们过往的经历塑造了自我，而往后我们两个人需要一起去创建一套共同的观念。刚开始在一起的时候，我们有很多夹杂着快乐的冲突。在冲突之后，我们从中学到了很多。

随着时间流逝，我们发展出共同的人生观。这不仅仅是因为我们有了一段共同的经历后，各自人生观的简单整合汇总，更是我们对于共同经历的反复思考和沟通的结果。每当我们发现彼此在某件事情上有根本分歧时，相比简单地接受分歧，我们更倾向于深入研究到底为什么，并且努力去寻找共性。

最终目标是两个人的价值观一致。为了对一份长达 20 年的关系负责，每个人都要一次一次地修正自己的个人价值观体系。不论是顺境还是逆境，双方都没必要妥协，而是通过共同的经历，让价值观体系逐渐完善。

努力让自己的行为和价值观保持一致。我们俩独自和两人一起都犯过很多错误。我们的价值观之一就是直面错误，所以当犯错的时候，谁都不会去隐藏。我们非常小心地不拿自己的婚姻和别人做比较，尤其是意识到每对夫妻的观点和经历都不一样后。取而代之的是，我们努力学习别人身上的优点，不是简单比较外在因素，而是聚焦在我们的一致性上。

要孩子或不要孩子

无论个人还是夫妻，是否要孩子是人生中最大的决定之一。我们刚认识的时候就决定不要孩子。在做完这个决定后的很多年里，每年都会回顾一遍。最终在 30 岁出头的时候，我们宣布了这一决定。尽管存在各种形式的外在压力，尤其是家庭和文化上的，但时隔 20 年后，我们依然坚持不要孩子。

你不一定注意到现在的年轻人有多重的生育责任，直到你慢慢变老。我们记得各种各样的“你会改变主意的！”式的、居高临下式的评论，有些来自一些同龄人，恨不得我们遵照他们的决定，有些则来自一些其他年龄层的人。我们彼此都面临着来自家里人的压力，例如“我们想要抱孙子”“不要浪费你们的基因”。当我们的朋友有了孩子后，新一轮的“你们打算什么时候要孩子”又开始了。

幸运的是，我们在这个决定上完全一致，没有任何一个人想要孩子。这让事情变得更简单了。我们期望，当夫妻两人都想要孩子的时候，也一样简单。但如果在创业者夫妻中，一个想要孩子，另一个不想要孩子，这的确会非常艰难。

克里斯汀·欧弗罗尔（Christine Overall）最近在《纽约时报》发表了一篇有影响力的文章，题为“在生孩子之前，请三思”。她提到一个重要的观点：人们仍然在为自己不要孩子找理由，但其实根本不需要什么理由。我们建议所有的创业者夫妻，在要孩子之前一定要深思熟虑。就像克里斯汀说的那样，在生孩子之前，请三思。

这是一个热门话题，尤其是现在很多年轻女性变得非常成功，成为知名企业家。在本书的第十一章将会专门分享我们那位决定要孩子的企业家朋友的故事，讲述他们在自己的创业者伴侣关系中，如何平衡、管理创业和生养孩子这两件事情。

幽默感

我们经常笑。最近，有人告诉布拉德，他在公开演讲中的典型表现就是边讲边笑。每当身处生命的低谷、生活充满压力和失落的时候，我们拥有的快乐和幽默就会调和成一剂良药。作为夫妇，相信你也会感觉拥抱不够，说爱对方说不够，在一起时笑不够。

我们的朋友——霍华德（Howard）和埃伦·林登（Ellen Lindzon）夫妇的婚姻便是以幽默为核心的。霍华德可能是一个彻头彻尾的混蛋，但他同样是这个星球上最幽默的人之一。他常常口无遮拦，想什么说什么，而埃伦刚好能平衡这一点，但最核心的是他们对于幽默的共识。下面是霍华德的分享。

我妻子埃伦和我都46岁了。我们已经结婚17年了，如果不是因为觉得我好笑，她可能早就把我杀了。不知怎么的，她总是会发现我那些搞笑的事情。我是个幸运的男人。

幽默是一个礼物。我想我们都有那种犯傻一般的幽默。尽管埃伦把她的幽默包裹在严肃的外表里面，但和我在一起的时候，她是毫不掩饰的。大多数人在花时间和我在一起以后，第一次见到埃伦，告诉她的第一件事情就是……对不起，这个笑话只有她知道！

我经常就生意上的想法向埃伦征求意见，包括我每天必须要做的很多决策。作为创业者，工作总是优先事项，而埃伦有权限调整我的计划，为我们之后的人生带来更多平衡。当然，我们有些阶段会脱离正轨。我们聚焦于那些碰巧能够帮助我们向前发展的错误上，向前看比老是回头看要健康。

现在，我们住在科罗拉多州，孩子可以步行去上学，我可以走着上班，我们只有一辆车，大部分时间我们一家子一起过周末。我们努力保持生活的平衡。当埃伦帮助我处理繁杂的工作时，我喜欢用幽默把她带回到家的氛围中。随着孩子成人礼的到来，我们都变得异常忙碌，但是我们喜欢这个过程，因为是我们一起决定要做这件事情。

霍华德·林登，StockTwits 创始人
埃伦·林登，霍华德的顾问兼搭档

信 任

每个人进入一段关系时，都带着自己的过往和包袱，有时候这些东西会成为沉重的负担。一段伟大、长期的关系，无论是商业关系还是个人关系，都是建立在信任基础上的。行为正直是所有关系中最高的价值观。如果想维持你的商业关系，行为正直更显重要。

在一段关系刚刚开始的时候，双方都处在建立信任的过程中。每个人都可能犯错误，如何对这些错误负责，可以帮助大家看清一个人是否值得信任。坦诚以待，同时把控好向第三方透露信息的尺度，是建立信任非常重要的部分。作为夫妇，我们会分享所有的事情，彼此几乎没有任何秘密。但是，还是有一些事情需要保密，不能和任何人分享。了解这个尺度是建立信任非常重要的部分。

最近，我与一个我们共同的朋友分享了一些事，而布拉德原本只希望我们两个人知道这些事情。当布拉德听说后，他意识到自己没有明确地告诉我这些事不能对别人说。但当我就自己误解了这些事的隐私等级向布拉德道歉的时候，他原谅了我。布拉德和这个值得信任的朋友沟通，请求他一定要保密。我们能够快速、没有压力、没有冲突地处理这件事，是因为我们对彼此有深度的信任。

一个人喜欢事事与朋友分享，并不一定是致命的缺陷。但如果一方不能保守秘密或者不认同隐私等级的设置，那么另一方就会选择少说一些关键信息。这是两个人刚在一起的时候就需要磨合的共同价值观。很多人经常会向我打听布拉德的事情，希望我们能够知无不言。虽然我们之间没有秘密，但每天发生的许多事情布拉德也没有告诉我，仅仅是因为他忘了而已。基于对彼此的信任，我们之间从来没有任何秘密，当布拉德没告诉我这些事情时，也不会有什么负面效应。

作为夫妻，你有时不可避免地会辜负另外一半的信任，尤其信任是一种非常主观的行为。举个例子，你 99 次约会都是准时的，但是一旦你的伴侣觉得你不可信，1 次的迟到就是他 / 她所看到的全部。与其争论谁对谁错，更有效的方式是去了解事情的来龙去脉。例如，你是否曾因为多处理四封邮件而迟到，却谎称遇见了车祸或突发事件？当信任被破坏时，集中精力修复信任关系，了解对方产生信任或不信任这种感觉的根源，而不是简单地对具体的事情做出反应。

设置底线

在亲密关系中，有可能遇到你的伴侣做了一些完全不可饶恕的事情，以至于你完全无法释怀。我希望你和你的伴侣永远不会经历这么糟糕的时刻。

布拉德在他的第一段婚姻中曾有过这样的经历。在他们 20 多岁的时候，刚刚结婚两年，布拉德的前妻出轨了。这件事情持续了一年多之后，布拉德才知道。那个时候是 20 世纪 80 年代，布拉德刚创办公司，每周工作 100 多个小时，也正在完成他的博士学位，同时还经历着自己的新婚。回过头来看，很清楚的是，布拉德在那段婚姻关系中是失败的，最主要的体现就是他前妻的出轨。而且他们的关系基础非常脆弱，经不起这样的不忠行为。

为了避免这样的事情，你需要提前去沟通。在布拉德的第一段婚姻中，尽管不忠诚是显然不能接受的，但是他们从没有明确地沟通过这件事。我和布拉德刚在一起的时候，曾共同讨论不忠行为，并一致认为它是不可饶恕的。我们彼此承诺，永远不会和第三者发生任何性关系或情感上的不忠。

双方就哪些是不可饶恕的行为达成一致意见，这非常重要。尤其是作为创业者伴侣。创业者通常会花大量的时间和精力在生意上，从而让自己的伴侣感到寂寞、感觉被忽视。如果没有明确界定底线，长时间不在一起会加剧被忽视的感觉，带来更多的恐惧和焦虑。开诚布公地沟通，轻松、自由地交流双方的底线，是每一段关系的基础。

除了不忠，还有一些别的不可饶恕的行为。在我们的婚姻关系中，像家庭暴力、酗酒、吸毒都是没有回头机会的行为。虽然我们都不会有家暴和吸毒的行为，但是有一段时间，我非常关注布拉德喝酒的量。当意识到我们已经处在一个特定阶段时，我和布拉德非常明确地沟通了这件事情，然后一起努力减少饮酒量，并且让大家都知道他的改变。

我们并没有画出明确的道德界限。我们有朋友选择“开放式婚姻”；有的吸食大麻或常常酗酒；有的是虔诚的信徒搭配无神论者；有的是共和党人搭配民主党人。

我们的有些朋友愿意分享一切事情，有的则非常注重隐私。不同的人对于何为不可饶恕的行为有不同的看法。我们的观点是：作为夫妇，你们需要明确的定义，并给对方空间，去划出具体的边界。如果有人犯了不可饶恕的错误，你们需要有相应的处理方法，甚至以此作为关系的结束。

你可以拥有一切，但不能同时

在言情剧中“你可以拥有一切”这句话被说烂了。作为夫妇，我们都深深相信，你可以拥有一切，但不能同时。

创业者的人生有不同的节奏。有时候是充满激情的行动，紧接着是一段时间的迷失方向，还掺杂着些许空虚。基本上来说，就是一团糟。因此，“拥有一切”就变得虚无缥缈。

> 不论你原来生活在哪个时区，当你嫁给了创业者或者正在和他约会，你就有机会生活在“创业者时区”。我们第一次见面是在一个美好、温暖的夏日夜晚，那位马上要成为我的男友的人迟到了30分钟。我坐在他为我们第一次约会预订的时髦餐厅里等他，想着他是不是会爽约，或者遇上了什么事故。但是，我非常期待见到他，耐心地想象他是什么样子、靠什么生活。作为医护人员，我习惯了医生约会迟到。但是像这样第一次相亲就迟到，说实话，很没礼貌。不过，随着他手忙脚乱地出现，不断地为自己迟到这么久而向我道歉，事情很快发生了变化。他设法用一次握手、一个美好的笑容来赢得我的好感。他解释道，他的姐姐从伦敦来看他，他开车送姐姐去了机场。我还记得，当他说要帮助姐姐的时候，我觉得非常好。当然，这也是我对“创业者时区”的第一印象。一年以后，我才明白，创业者时常让自己超负荷。他们非常有才华、有动力，都很努力地工作。他们可能会在很多不同场合迟到，但我相信，他们不是故意这样无礼地对待别人。这就是他们的特点，有时候他们处在自己的“时区”。
>
> 亚历山德拉·安东尼奥利

与其每天都努力试图拥有一切，我们建议你聚焦于优先事项。作为创业者，你的公司处在哪个发展阶段；作为夫妇，你们处在人生的什么舞台，打算如何使用你们的时间，是在一起还是分开，在一起的时候你们做些什么。亚历山德拉·安东尼奥利称其为“创业者时区”。

任何时候，决定不做什么和决定做什么同样重要。与其想起这件事情就遗憾，不如采取行动，积极地把它当作一扇可开可关的门。当你关上这扇门时，你就在门的背后，在未来的某一个时点你还可以打开它。记住这个选择，关上这扇门，并在另外一个时点重新审视它。

创业者通常会有转型期，有时候是在公司经营过程中，更多时候是在间歇期。当你的公司失败了，或者被收购了，你经常会陷入之前描述的欢欣鼓舞或迷失方向或空虚的循环中。在这个时候，我们鼓励创业者和伴侣暂时停下来，意识到自己不必马上投入下一件事情中。在转型期要深思熟虑，在开始创业之前，请一定要确认这是你真正想要的。

第七章 防患于未然：你可能会用到的技巧、策略和工具

Surviving and Thriving in a Relationship with an Entrepreneur

良好关系的培养是一场马拉松慢跑而不是全速冲刺短跑。在这一章里，你会学习到一些技巧、策略和工具，来帮助你跑完这场马拉松。本章涉及的注意事项不仅适用于陷入麻烦之前的你，也适用于已经身在水深火热之中的你。

我们希望这些建议可以激发你新的灵感。希望你采纳我们的建议后，随时改进和提升，最后将其变成自己的武器。

沟通第一课

创业者经常会花大量的时间在沟通上。无休无止的会议、演说、邮件、客户以及各种随机事件，都会占用大量时间。同时，及时有效的沟通是一段良性关系的基础。在任何一种情况下都是这样的，你与你的伴侣相处更是这样。

当结束一天的工作后，布拉德回到家，常常不说话。并不是他不能说话，而是他已经说得太多，而不愿意再说了。而我正好相反，可能在他回家之前的几个小时里我都是在跟狗狗们交谈，等布拉德回到家，我就需要跟他交谈了。

在我们相处的初期，每当布拉德要推门出去的时候，我们的谈话一般是这样的："今天怎么安排？""今天会做些什么？""今天要见谁？""你现在做的那件事进展顺利吗？""我把那个坏了的东西修好了。""我跟你妈聊了，然后说了很多乱七八糟的事。""玛丽和那谁谁谁……"我也曾很忙，在我们一起创业的头几年，我们常常是岔开时间回家的。当结束一天的工作，回到家在一起的时候，常

常是不愿多说一个字。

对于我来说，其实沟通交流更像是联络感情，而不是交换信息。但布拉德无法回应和反馈，不是他没有感情，而是他已经累瘫，无力回应了。

最后，我们发现实现彼此联络感情这个目的最简单的办法就是拥抱。见面后，我们会先拥抱对方 10 秒钟。只是拥抱，不说话。只是拥抱彼此。神奇的事情发生了，我们能感受到对方的情感，而不需要说话。

当然，这并不意味着布拉德回家后就不用说话了。如果布拉德拥抱完我就要去电脑前工作，那么这个拥抱是无效的。拥抱后的一分钟会成为下一步行动的润滑过渡。“我要去洗个澡，然后我们坐下来吃点东西。”“我饿了——我想找点东西吃，我们坐到外面去，聊聊天。”“晚上我想静静，咱俩在一起靠着看个电影好吗？”“我想跟你聊一会儿，不过之后我就需要在电脑上工作一个小时。”两人回到家，先给对方一个深度拥抱，然后再开始私密时光的安排，而不是一见面就开始说接下来各自要干什么，显而易见后者是不可行的。

用对方能接受的方式交谈

“布拉德，用你自己的话说这事儿。”我们已经在一起 20 年了，但是到现在我还是需要至少一周提醒他一次。布拉德每天会花很多时间动脑子——跑步的时候，写作的时候，阅读的时候，发邮件的时候，或是思考的时候。在我们相处的很多时候，我们都发现布拉德常常会思考和引用别人的观点或意见，他会大声说出来，让我能听见。然后，这就会成为冲突的根源。布拉德认为他是在谈论某件事，而我却认为他根本没有。最后，讨论某件事变成了一场争吵——说了什么，没说什么。

但与其让布拉德去改变，到后来我们都接受了布拉德大脑的工作方式就是如此。只是他需要一个暗示或提醒，让他大声说出他究竟在想什么。“布拉德，用你自己的话说这事儿。”就是这样的暗号提示。

当我生气或不安的时候，会停止说话。虽然脑子里浮想联翩，但我不会清楚地大声说出来。如果布拉德不看着我，他无法知道我的大脑里正狂怒地想着什么。但是如果他看着我，他会从我的眼睛里看到。面对这样的情况时，暗语提示就变成了："你在想什么，告诉我。"当布拉德第一次这么说的时候，我变得更生气或更不安，最后还哭了。但是如今，它已经变成了一个很安全的提示——"就告诉我你在想什么，我不会评判，不会反应，我只会听着。"当我又急又恼地往外倒苦水的时候，布拉德只是听着。当我说完后，他并不急于解决什么问题，而是告诉我，他听到了什么。

以上两个案例都非常容易上升为一场摩擦冲突。而这些建议对于任何一种关系都是适用的，对于创业者伴侣关系尤其有效。在第一个案例里，布拉德执着于自己大脑中所思所想，而我用了一个安全的暗语提示催促他说出来。这种执着是很多创业者常有的状态，尤其当他们正在思索某个问题时。在苦苦思索的过程中，创业者并不愿意去多分享这种感受，但是当他的伴侣愿意倾听这些感受，则是令人舒服的事。在第二个案例里，布拉德协助我很快进入了问题解决模式。但这并不是正确的步骤，同理心往往才是我们最最需要的，倾听并表示听到了对方说的话，是正确的第一步。

个性测试

很多年以前，在我们刚开始相处的早期，我们订阅了著名时尚杂志 *Cosmo Quiz*。我们的确在一起太久了，经历了最初的热情和兴奋，再搬到一起住，努力学习如何在一个屋檐下相处，记得那个时候我们的公寓楼离波士顿水前区港道不远。我们那时常常开玩笑说，我们的公寓有 24 000 立方英尺大（30×40×20），其实是一个实际面积 1 200 平方英尺的阁楼，除了卫生间外，室内没有多余的墙。

一个周五的晚上，我递给布拉德一本 *Cosmo Quiz* 杂志。因为当时我们都知道不要在周五晚上谈论什么沉重的话题，那是放松的时刻。我们一致同意周六出去午餐，独立完成我们自己的 *Cosmo Quiz* 测量问卷，并且进行讨论。

那是一次并不愉快的午餐。测量问卷结果里有许多事项是显而易见的，但是也有许多其他事项是复杂而又模糊不清的。我们很快越过了那些清晰的事项，开始就不太清晰的部分进行讨论。

吃饭时，我们一直在讨论问题，并且把讨论限定在一些特定的会让对方不开心的日常琐事上。其中有一部分的不愉快，是源自男人和女人的不同或者个性差异，还有一些是个人怪癖问题。通过唤起回忆中的某件事或者某个东西以引导讨论，能让我们了解彼此更多，而不至于从一开始就大吵大闹，到最后谈不下去。

过去很多年，我们持续做了很多测量问卷和个性测试。虽然我们的个性和怪癖并没有多少改变，但至少我们对彼此负责，能够将问题的解决方案写下来，向对方询问“为什么你认为你会有那种感觉”，让被问的那个人不会觉得自己在被另一个人审判。

如何重归于好

晚上 11 点，创业者还在加班。他的伴侣非常生气，期待他能像他承诺的那样回家吃饭。是的，晚上 6：30 的时候他发了一个短信给你：“我还得待在办公室。要处理客户的问题，所以我得加会儿班。”但这就是最后的信息。你有点想打个电话，但是又有些犹豫。于是你自顾自地想：“让他下地狱吧，我要去睡觉了，他回来的时候最好别打扰到我。”

这是很糟糕的行为。很显然，创业者的举动是没有经过深思熟虑的，也不符合你的预期，但是你得知道自己在干什么。生气是没有帮助的，不沟通是没有帮助的，在他回到家后你转过身给他一个冷冷的后背也没有帮助。他可能会觉得内疚，因为他让你失望了。他可能更愿意跟你在一起。回到家，他肯定很累了，很有压力，甚至脑子里可能还在想着让他晚回家的那些事。

我们在一起的前十年，这样的事情发生了很多次。在那个还没有移动电话、电子邮件和短信的年代，我经常在餐厅里等布拉德出现。布拉德总是相信他能像杰克 · 鲍尔周游洛杉矶那样穿过任何地形——在 10 分钟之内到达任何地方，不论距离多远，不论时间安排怎样。我们有很多这样因为布拉德考虑不周而发生的故事，这些故事最后只是表明，布拉德对于很多其他事项的安排总是优于我。

我们后来用创业者谈判交易的方式重新协商了两个人的相处细节。我们都希望有好的结果，也想要在两人之间找到一个平衡。在我和布拉德的关系里，重新协商开始于本书序言开篇的故事里我对布拉德说的那句话："我受够了。"

布拉德的工程师大脑只是需要接受新的规则。一开始，我不接受这一点，有两个原因：①我怀疑新的规则是否有效；②我认为设立一堆规则一点都不浪漫。但是当我们逐一讨论这些规则的细节时，我认识到布拉德未来会遵循这些规则。唯一的事实是，布拉德愿意接受和遵循这些规则本身就是一件浪漫的事，而且这使得我在布拉德的日程安排上被优先考虑了。

下面是一些我们使用了超过十年的实用规则。

抛开工作的晚餐

我们经常出去吃饭，不论是在博尔德的家还是外出旅行时。我们喜欢只有两个人一起吃饭，也喜欢与其他伴侣朋友聚在一起。当我们聚在一起吃饭的时候，是非常休闲放松的，会聊一些社会轶闻。但是每个月我们都会预定一天，进行一场特别的餐会，我们称之为"抛开工作的晚餐"。

每个月的第一天，我们会出去吃饭。这并不是一个"情侣约会的夜晚"（我们有很多这样的夜晚）。相反，这是一个特别的庆祝，庆祝我们依然鲜活地存在于这世上。这也是一个机会，让我们彼此赠予礼物，让我们回顾和反思过去一个月发生的点滴，以及谈论下一个月可能出现的情况。这样的活动，我们坚持了很久。

给所有创业者的建议：如果你有一个出色的伴侣，那么就从今晚开始你的"抛开工作的晚餐"。接下来我们告诉你怎么去做。马上挑选一家你们最喜欢的餐厅，预订座位。出门，记住只是你们俩哦。给你的伴侣买一份礼物。如果你是男士，那么除了礼物之外，还要买一束鲜花。如果你是女士，也给他在礼物之外再准备一束鲜花（男士也喜欢鲜花哦）。或者巧克力，巧克力总是个好选择。关闭所有的移动电话或者把它给你的助手或其他人。度过一段悠长的慢时光，只是享受彼此的陪伴。聊一聊上个月发生的事——好的和坏的都可以聊。不要争吵或评判，只是聊聊发生的事情本身，更重要的是，听完之后，分享你的感受。记住，积极的反馈比消极的反馈更有效。别忘了谈论那些棘手或者具有挑战性的话题。不要急于去解决问题，而是充分表达同理心。持续说。如果落泪了，没关系，这很正常，趁这个机会进入更深层的沟通，但是要保持平静镇定。别忘了适时转换话题，聊一聊下个月将发生的事。记住那些对方掉眼泪的原因，在生活和工作节奏中做一些改变，下个月会变得更好。作为一个创业者伴侣是不容易的，可能比创业者更不容易。要认识到这一点，并保持沟通。如果你喝酒，那么订一瓶好酒。如果喝完一瓶还想再要一瓶，也不要有顾虑。如果你想吃甜点，即便你在节食，也可以让自己偶尔放纵一下。毕竟这是“抛开工作的晚餐”。享受你的时间。在吃完之前，不要提前买单，也不要让对方觉得你已经没啥可说的。不要让人觉得你马上要离去，或者马上要查询邮件——总之，就是不要让人觉得有什么事情是你等不及必须马上去做的，彻底好好享受二人世界。整个晚上都不要拿回电话，直到第二天早晨。

我们持续这样做已经有 12 年了。一年中会错过一两次。但是没有问题，按照时间管理规则（布拉德接受八次里有一次失败），这在我们 12.5% 的失败率预期规划之内。偶尔我们会邀请别的夫妇朋友，但是大部分时候只是我们俩。记得有两次我们眼泪哗哗直流，服务生都躲到一边去了，但是我们却在那里互相拥抱，继续说着。最后眼泪会止住，然后会进入更深层的互动。这样非常好，充满了真善美，一切都值得。

这些年来我们互赠的礼物也是各种各样。我得到了很多艺术品和珠宝，而布拉德得到了有骷髅头和骨头十字架的名牌鞋、一个遥控整蛊机器人和一辆路虎汽车。这些礼物记载了旧日时光的点滴，当看到对方收到礼物时的欣喜，我们会开心一笑。

从今晚就开始，试一试。

与网络隔绝的假期

我们确实花了很多年才明白假期的重要性。在布拉德创业的早期，总是太忙以至于无法有真正的假期。失去网络连接或者离得太远都是很难的事，因为有太多重要的事情需要他敲定，还有大量的工作要做，这些几乎占据了他所有的时间。

经过我们的重新协商，布拉德同意每个季度休一周的假。但这是个特别的周假——因为它将远离网络。没有手机，没有电子邮件，没有电脑。我们决定看看如果布拉德每个季度从这个世界上消失一周，会出什么事。我们知道，“世界没有布拉德就不转了”是个过分强调自我重要性的伪命题，这是每一个创业者在创业过程的某个点上都会犯的错误。

我们把每季度一次的与网络隔绝的假期称为“QX 假期”。我们通常会在周六飞走。布拉德在他的邮件系统设置了“不在办公室”的提醒信息。他把电脑留在家里，在机场把手机交给我。在下一个周六，等我们返回家中，他可以取回手机。周日在家可以跟进一下过去一周假期里发生的事，周一返回办公室工作就会变得轻松很多。

有时候我们会去一个很有趣的度假胜地，有时候只是随便去一个地方。目的地并不重要。远离工作环境，共度二人时光，一天 24 小时都待在一起做我们喜欢做的事，这就是全部的意义所在。我们睡得很晚，打网球，做运动，读书，午睡，玩成人娱乐游戏，吃有趣的食物，交流各自的思想。我们期望的是一个没有预先规划的假期，所以我们出发前很少讨论确认什么，只是简单交换几个必要信息。

我们也试过在博尔德的家或者在基斯通山上的房子里过“QX 假期”，但是都很失败。我们发现，到一个陌生的地方度假很重要。布拉德在家里的书房配着电脑，就在楼上，对于创业者来说，它就像一个风情万种的迷人女人打来的电话。“快来看一下我，我不会占用你很多时间的。”这就是电脑的指示灯发出的信息。一旦布拉德在电脑前坐下，一切就完了，只要他在网络世界里出现，“QX 假期”就消失了。

我们也试过在假期里留出一点时间上网，打着“只是看一下有什么事情发生”的幌子。我们曾去了斯科茨代尔一周，打网球，跑步，美食，电影，还有午睡。“有些事，我就是去了解一下。”第二天，电脑还是被占用着。第三天，又有两个小时花在处理邮件上。第四天，我们爆发了激烈争吵。“我们的关系会朝哪个方向发展？”那时，我们已经在一起 18 年了，知道我们的关系会走向哪里，所以我用了“我讨厌你，这不是一个真正的 QX 假期”。于是布拉德把电脑丢到了一边。第六天，我们又和好如初，但是这个“QX 假期”已经被破坏了。

我们经常两个人单独去过 QX 假期，但是每年会有一次跟朋友一起。这是特别的假期，与另外一对或几对朋友夫妇度过难忘而亲密的一周，他们可以看到我们特别放松的状态。这些朋友通常是其他的创业者情侣或夫妇。我们互相学习如何放松和享受生活，而不是就创业者对时间永无止境的需求进行谈判。

每次假期，工作中都会有需要布拉德关注的事项。这样的情况会通过布拉德的得力助手凯莉传递，凯莉能够非常好地判断这些事项的重要程度。在你的创业企业设定某个人或者某个系统，来帮助自己抽离一直在忙的状态，是个好主意，尤其是在当你确实需要暂时中断一阵出去休养的时候。

短暂失联 / 长周末 / 断网一天

我们经常听到朋友抱怨说：“让我离开网络一周，完全不可能。”理由有很多，工作，要履行的承诺，孩子，没有时间休假，等等。这对于创业者来说是很严重的问题，理论上他们控制着自己的时间，但事实上却不是这样，总感觉自己时刻被需要，缺了他们地球就不转了。

放开去试。如果你不能离开网络一周，那么至少可以离开一个周末。如果一个周末也不行，那么试试一天。我们喜欢犹太教安息日的概念，不是因为那是我们的信仰，而是因为它的理念——没有手机，没有电子邮件，没有电脑，从周五太阳下山到周六太阳下山不工作。这样的理念听起来特别让人愉快。

最开始的几次远离网络是让人很别扭的。这是为什么我认为去遥远的土耳其度假是如此重要。千万不要尝试拿着手机却承诺不会去看它，不要抓着 IPAD 读书却说不会去查邮件。关掉所有的电子设备，然后待够 24 小时。

在这个短暂的中断里，与你的伴侣做那些平日里顾不上做的事。远离琐事，去参观博物馆，去骑新买的自行车，中午去看场电影，或者睡个午觉，享受当下的所有。

关于电话

那是 1991 年的一个周五晚上。我们都还在 20 几岁的年纪，欢愉的性爱之后一起躺在床上。我们半依偎着，正酝酿着第二次性爱的时候，布拉德的手机响了。他本能地接起电话。这是个无绳电话，没有显示对方的号码，他像往常一样接电话。那是布拉德科技公司在西海岸的客户，有一些事情要咨询，是从家里拨来的电话。布拉德非常耐心地询问是什么样的问题让这个客户需要在周五晚上 10 点的时候打过来，最后发现并不是什么紧急的问题，但是这个电话持续了 15 分钟。最后那个家伙可能意识到“好吧，我已经给他打过电话了，貌似问题也解决了”才挂了电话。当布拉德再回到床上，他得到了温暖的拥抱，但是之前热情似火的欲望已经被无名的怒火取代。所以这一晚，我们就没有第二次了。

电话对于伴侣关系来说没有任何帮助，并且会带来巨大的破坏力。很多创业者对电话都有“巴甫洛夫冲动”：电话响了，马上就接，不管是谁打过来的。一个投资人——我必须跟投资人说话。一个雇员——他肯定有事儿找我。一个联合创始人——我的联合创始人只会在她需要我的时候给我打电话。一个客户——我爱我的客户，如果他正遇到了麻烦，我要帮他解决问题。一个竞争对手——也许他们最后想好了，来找我去买他们的公司。电话铃不停在响，从来没有停止过。

然而，电话也是创业者和伴侣之间的生命线。我们每天通话很多次。当我们都有空时，会使用视频电话，比如 Skype、Google Hangouts 或者 Facetime。电话来了，我笑了。

作为一个创业者，可以通过设置不同的手机铃声来区别不同的人。布拉德把我的来电铃声设置成“Imperial March”，直系亲属设置为“We Are Family”，合作伙伴设置成“Money”，CEO 们设置为“Comfortably Numb”。其他人都有专属铃声。当我来电时，布拉德会微笑着接听。如果其他人打来电话，而布拉德又正在忙的时候，电话会被转去语音信箱，等他稍后忙完了再回复。

除了私人电话以外，我们过去还设置了业务电话，但现在没有了。请了解这一点：如果你只有一个电话号码，任何人想找到你，只能打你的手机；当你在家与爱人相处时，手机就会变成一个无休无止的干扰源。解决这个问题的办法是，回到家后，把你的手机丢到书房里去，跟电脑放在一起。不要拿着手机满屋子转悠。还有，千万千万不要把它带到卧室去。

最后记住，必须随时接你伴侣的电话。无论身为创业者的你现在是否面对 1 000 个人演讲，还是即将参加一个重要会议，都要记住这一点。要适度宽容自己；对自己说："那是我宝贝的电话，不论她何时打过来，我都要接。"接起电话，说："嗨，宝贝，我正在忙，我晚点回复你好吗？"只要不是很紧急的事，可以快点结束电话。然后，当你忙完手头的事之后，马上给你的伴侣打过去。我和布拉德坚持这样做已经有十年了。这是一个能给彼此带来巨大力量的方式：当你知道，尽管他 / 她有一堆事务要处理，但却会第一时间接起你的电话，甚至当着一屋子的人的面——你永远是最重要的，你的内心便会得到极大的满足。作为额外福利，你可以要求身边的合作伙伴向你的爱人问好，你可以把手机高高举起，听里面传来愉悦的声音"嗨，艾米"，同时脑海里浮现出在电话的那一端有一张你熟悉的笑脸。

关于电脑

今天，全世界已经连接在一起，电脑和手机一样已经变成我们的延伸。当布拉德结束了一场自行车运动，坐在意大利戈里齐亚的一家咖啡馆里时，他在电脑上打字，但紧接着他就崩溃了，因为竟然没有 Wi-Fi，这意味着他无法在咖啡馆收听第 400 期电台节目"你会给我打电话吗"，他也没法继续写点什么了。他只能查收手机上的邮件，听"你会给我打电话吗"的最近一期录音。

把电脑当成你的朋友，而不是敌人。用 Skype 或 Google Hangout 开始和结束一天的工作和生活。如果你们俩同时在线的话，保持对话窗是开启的状态，可以忙里偷闲随时向你的爱人吹个甜蜜的口哨，千万别匆匆带过一句"我爱你"。工作的间隙可以互相分享网络连接，可以是一篇文章或是别的什么好玩的事，比如欢乐喵星人。

当你们在一起的时候，要确认好使用电脑时间的安排。看电视的时候，布拉德通常会把电脑放在膝盖上查收电子邮件。他好像随时可以抓住法国浪漫电影的任何细节，即便他同时在查收电子邮件。相反，当布拉德在厨房里看我做饭的时候，他却没法做这件事儿。这样的时刻，是非常宝贵的时刻，我们可以有很多交谈，布拉德的眼神只专注在我身上。

不论我们在哪里生活，在家里都有单独的书房，即便只是一个 1 200 平方英尺的阁楼。在这个阁楼的角落里就可以布置一个书房，里面放台电脑。在我们相处的早期，有时他会突然消失，过一会儿又出现在电脑前。当我们换了大房子后，这个问题变得更明显，而且会让我觉得生气。我们的书房在另外的楼层，布拉德突然短暂消失就不会被发现，这跟住在阁楼里的情况不一样，但依然是同一个问题。

现在，当我们其中一个需要坐在电脑前，我们都会先征求对方同意。通常，另一个人也会同时去到他 / 她的电脑前，在我们都喜欢的背景音乐里，静静地敲打着键盘。有时候也会延展到其他的讨论，比如出去散个步、看个电影或者睡个午觉。通过深思熟虑地安排电脑时间，我们完全改变了生活节奏。

关于电视

如果你的卧室里有一台电视，那么，马上停止读这本书，赶紧冲进卧室，拔掉电源线，把电视丢出去。

电视制造商，有线电视公司，还有内容提供商，他们做了非常棒的工作，让我们认为家里的每一个房间都需要一台电视。但卧室是不需要的，卧室只用来完成两件事：睡觉和性爱。好吧，还有另外半件事，就是床头阅读。

我们建议创业者伴侣，家里只需要安装一台电视就够了。把电视安装在一个适合很多人一起看场电影、一起运动甚至一个不用动脑子的地方。这并不是把看电视这件事上升到道德层面去审判，而是这样的处理方式可以让你们更好地把注意力放在对方身上，而不是在一个没有生命力的、整日播放明亮多彩图片的机器上。如果你们离开装有电视的房间，就把它关掉。

静默的时光

我曾经参加过一个为期 10 天的“静静冥想疗愈”，那是我们在一起后彼此失去联系最长的一段时间，虽然我们经历过很多次更长的冷战期，我们哪怕分开旅行还是会保持电话沟通。但这次，“静默冥想疗愈”是指“静默”：没有任何形式的练习和互动。

10 天后，当我回到家，我们深深地拥抱，眼泪汪汪。然后坐下来，我用了五个小时与布拉德分享了此次疗愈的每一个细节。“第三天，我的鼻子左侧长了一个包，很痒，我尝试用呼吸法和疗程让它消失。”我们都笑得不行了，尤其是提到我进入静默疗程而大脑里还充斥的那些各种乱糟糟的声音时。我已经参加了很多次这样的疗愈课程，任何时候当我觉得需要清理掉那些乱七八糟疯狂的垃圾，我就会去上课。

在我们相处的早期，静默的时光让我们都觉得很舒服。为了充分享受时光的美好，我们选择什么也不说，而是在同一个空间里各自忙碌。我们既是读者也是作家，我们花了很多时间，对所专注的事做了很多深度的思考。我们也学会了如何把一起靠在沙发上阅读的那几个小时变成一段非常亲密的时光。

对于大多数创业者来说，静默的时间远远不够。多余的时间都被用来匆匆查收一下 iPhone 上的邮件，看看最近的推文，或者打个电话。每一天都充斥着无休无止的谈话、会议和人际往来。有时候，唯一可以静默的时候就是回家时。在每一天清晨，可以选择进行正式的疗愈课程，也可以早早出门坐在室外喝杯咖啡，看着太阳升起，感受天空的广袤无限，以这样方式开始的一天通常不会太让人抓狂。

但是对于创业者的伴侣来说，白天会是漫长而静默的一天。对于我来说，白天陪伴我的就是狗狗，它们是非常好的伴侣，我跟它们说话的时候，它们会非常专注地看着我，听着我说。当布拉德到家门口并按汽车喇叭示意的时候，它们会跑去门口准备与他玩耍。有时交谈，有时保持安静，哪怕只是一个短短的间隙，这样的转换是必要的。

关于更多如何分享静默时光的知识，建议读杰弗里·布兰特利（Jeffrey Brantley）和温蒂·米尔斯坦（Wendy Millstine）的《美好五分钟》（*Five Good Minutes with the One You Love*）。

散 步

我们家附近有一条四英里长的步行道，我们称之为“去湖边走走”。这是一条环绕着人工湖的步行道，最后指向莫法特隧道。莫法特隧道建于 20 世纪 20 年代，旁边有一个人工湖，就在我们家附近。这条步行道非常私密，以至于常常看不到什么人。我们常常穿上跑步鞋，抹上防晒油，带上水壶，再牵着狗狗，就出门了。

沿着湖走一圈大概需要一个小时，我们把这一个小时以 15 分钟为单位分成几个部分。第一个 15 分钟用来闲聊。有时候，我们其中的一个会变得格外健谈。有时候，我们只是做做热身，包括精神和身体上的。

我们一般花一两个 15 分钟谈论一些沉重的话题。但并不总是这样，有时候也会谈论一些时下流行而对方并不知道的话题，这会引起他 / 她的好奇心。有时候是一些温和成熟的谈话，有时也会是一些情绪化的话题，会很快挑起某些在生活中困扰我们的事情。由于我们去过湖边太多次了，所以即便在路上情绪失控落泪或暴怒等，都不会让彼此感觉不舒服。我们常来这里，每当走完一圈返回的时候，就会感觉累了。每当我们走完半程开始折返的时候，一切不愉快会平复下来。

最后 15 分钟通常用来放松。我们常常不说话，只是听着自己的呼吸。这个时候，不仅身体上会感觉到累了，因为充分交流思想，精神上也会觉得疲劳。但是在这样令人舒服的环境里，我们很有安全感。

我们不会刻意要在湖边散步的时候去解决某个具体的问题。但是当我们知道有什么事正等着去处理时，会催促自己快点结束散步。对于我们俩来说，这是一个很微妙但是很重要的暗示。

日常拥抱，亲吻，互相说“我爱你”

这是非常简单、非常容易实现的事，也是非常容易被忽视的事。你要确定每个早晨当你离家去工作之前，给你的伴侣一个拥抱、亲吻，并且对他 / 她说“我爱你”。如果你正在进行“晨间四分钟”的计划，上班前或下班后都做这样的动作是很容易的事。当然这也是结束一天的最好方式。研究已经表明，一个结结实实的八秒钟的拥抱，能够释放大脑里所有种类的荷尔蒙元素，会让你感到非常愉快。而且与你的伴侣深情拥抱本身就是一件非常好的事。

道歉和原谅

保持一段伴侣关系可能是学会宽容的最佳方式之一。你和你的伴侣会用一生的时间一起犯错，互相道歉，并求得宽容。当你伤害了伴侣的感情，学会道歉。当你的伴侣忽略了你的感受，学会宽容。要知道，你要成为最好的自己，你会遭遇挫折，需要不断打磨你的道歉技能。

遇到麻烦时

我们刚认识的时候，布拉德正处在一段情绪的低谷期。他刚刚跟前妻分开，那是在他的前妻有一段长达一年的婚外情之后。布拉德很受打击，那时，作为一家有 20 个员工的创业公司的 CEO，公司事务几乎耗尽了他所有的能量。我们的新恋情有很多新鲜刺激和热情温暖的时刻，也会有很多因为布拉德的低落情绪和工作上的疲劳而带来的黑暗时刻。

这段时间我给了布拉德很大的支持。我们都不认为这是一个“帮助布拉德”的互动期，而是我在一个新关系里面对危机时展现出非凡而巨大能量的机会。我全力支持布拉德的工作，并鼓励他更好地照顾自己，耐心地陪伴他渡过最黑暗的日子，即便在布拉德经历情绪起伏时累得筋疲力尽，我也会开放分享自己的感受。

我不能也不会处理的部分，是那些关于“天数已至”的想法。我一开始就非常清楚，一旦事情朝着这个方向发展，就必须马上寻求专业帮助。一旦布拉德有任何自杀的倾向，比起回避问题，我们会一起讨论，不论问题有多小多随机。我们作了约定以保证安全，并明确了应对措施。

很早以前，我们在亚利桑那州的塞多纳共度假期时，布拉德正处在低谷期。他刚刚卖掉了公司，正在反思，因为觉得自己作为创始人并没有兑现对应的价值而陷入低落情绪。塞多纳是一个非常美丽的地方，有令人兴奋的红色山脉，而在布拉德看来，却是满眼灰色的大岩石；那里的食物是非常美味的西南现代料理，但吃在布拉德的嘴里，却是一堆美国和墨西哥食材的混搭而已。我本来想早早起来穿过沙漠去看美丽的日出，但布拉德却只想在酒店里蒙头大睡。

有一天，开车在路上时，布拉德说：“刚才我脑子里闪过一个画面，我往左一个急刹车，就把车插进了迎面而来的车流里。”这就引发了一个关于“预先设定”理论的规则，布拉德必须说出这个行为，然后采取措施为我们创造一个安全的环境。布拉德小心翼翼地减速慢行，然后把车停到路边，再从驾驶座下来。我们交换了位置，从那时起，剩下的假期中由我来开车。

直到晚饭前我们都没有谈论这件事。晚饭时，所有的危机和危险已经过去了，我们才可以非常理性地来谈论这件事。塞多纳的岩石依然是灰色的，但是布拉德的胃口却好了一些。布拉德脑中闪过的短暂画面，已经可以非常清楚地判定是因为他正处在情绪最低点而导致，但是关于“预先设定”理论的规则让我们知道先去创造一个好的场景，再做出简单而安全的反应。

何时寻求帮助

如果你有焦虑或低落的情绪，并且这些不良情绪已经使你没有能力正常生活，请向专业人士寻求帮助。虽然我们从来没有在这样的艰难时期一起接受过“伴侣咨询”（以伴侣的形式一起寻求建议，下同），但我们认真思考过这件事，并且很开放地谈论它。很长时间以来，布拉德的心理医生给了他非常重要的支持，但是他也希望与我们俩一起面谈。我们按照他的话去做了，这样面对面的谈话有好几次，每一个疗程都有一种神奇的魔力，让我们俩难以置信地完全敞开，去面对当下发生的一切。布拉德的治疗师，尤其对于伴侣间的关系有丰富的经验，能够迅速帮助我进入疗程，而且这既不会破坏他与布拉德之间的关系，也不需要在疗程结束的时候选择站在谁的一边。这很难，但是他做到了。

如果布拉德没有遇到一位技能娴熟和经验丰富的心理医生，也许我们不会接受“伴侣咨询”，如今我们都非常相信以伴侣形式一起接受治疗的力量。由于布拉德正在创业，我们就找到了其他的创业者伴侣，发现他们也存在同样的问题。

我们在确立伴侣关系的最初无话不谈。我们很喜欢参加大型的聚会，与朋友们一起用餐，也与其他的创业者伴侣一起外出用餐，他们与我们一样在关系里有同样的挣扎。那时我们都很年轻，所以很多讨论并不涉及孩子，但其中也有几对是年轻的父母，所以我们发现在创业过程中也会面临孩子的压力。

在我们关系建立后的第一个十年，布拉德是青年企业家俱乐部的成员，他常常会参加很多本地和国际性活动。我们与很多创业者伴侣会员成了朋友，一起出去旅游，包括在加勒比海远航，特别有意思。那一次我们收获很大，有些朋友成了我们终身的朋友，还碰到了一群与我们有相同背景、可以在同一个层次上敞开交流的朋友，我们一起探讨如何在工作和生活上寻找平衡。

这里并没有魔法方程式帮助你去寻找到正确解决方案。我们会鼓励你像我们一样去尝试多种不同的事情。多尝试，不要逃避冲突，不要幻想它会自己消失。如果你需要专业帮助，千万不要犹豫。有些人可能会有负面情绪，但有句话说得好——“你不需要退缩”，大胆去尝试，去实验，去找到更好的办法。很早的时候，布拉德就做了合理规划，“每周花一个小时在布拉德这个星球上——与那个可以帮助布拉德找回自己的人待在一起。”回顾过去 20 年，这已经给我们的生活带来了非常巨大的积极影响。

享受当下

记住，不论你要面对怎样的黑暗，在一段关系里，你和你的伴侣都在一起。当你正在挣扎中，与其花时间去改变，不如回顾在一起时的初心或者做一些简单有趣的事情。比如，坐在沙发上一边吃爆米花一边看肥皂剧，手牵着手在博尔德的珍珠大街上闲逛，或者面对面坐着吃寿司，有很多类似的事可以做。快乐并不需要奢侈才能获得，相反，生活中基本的体验，就可以把两个人带回关系的核心点。

第八章 常见问题与困境

Surviving and Thriving in a Relationship with an Entrepreneur

尽管每一段伴侣关系都是独一无二的，但是依然有一些常见的事项和冲突值得注意，尤其是在创业者伴侣关系中。你的创业者伴侣有一些很好的特征可以吸引你，但是现在这些特征已经表现得太过了。当然，不是所有的创业者都具备这些特征，但是创业的生态已经被这些目的导向的、野心勃勃的、自我驱动的、创造性的、乐观的、自主的、朝前看的、独立的思考者和领导者深深影响了。这些都是积极的一面。而消极的一面是创业者的这些个性会趋于极端，这些会持续影响创业者的伴侣关系。

伴侣间的互动是很复杂的。很重要的一点是，要承认矛盾冲突的存在，即便最平等的伴侣，也会面临最后由谁来做决定的问题。正在创业的那个人可能需要做所有的决定，要在企业里扮演一个很重要的角色。而在家里的那一个，可能并不需要出去工作，但仍然需要得到认可，为家庭财务做出重要贡献，以及拥有做决定的权利。

工作狂

工作狂是创业者的第一特征，也是最明显的特征，但是这一特征毫无疑问会影响他 / 她的伴侣关系。永远在工作，从来不满意，长期陷入处理突发事件的紧张状态中，不停地从一个工作、项目或公司跳转到另一个工作、项目或公司，这些是工作狂的共同标签。你可以非常努力、非常高强度地工作，而不需要变成一个工作狂。这里的关键点是：从工作中抽离的能力缺失，以及全神贯注在某件事甚至任何事上的能力缺失。事无巨细都要过问，这对于创业者来说并不是一件好事。不论是对于高效率、能产生预期结果的工作，对于伴侣关系，对于身体健康，还是其他任何这类相关的事，精疲力竭并不是理想状态。集中一段时间进行高强度的工作，然后适当休息来调整恢复自我、精神和身体，包括伴侣关系，是比一直干到趴下更好的办法。

有好几个方面的原因导致工作狂的状态。有些人很享受工作带来的乐趣和激情，内心中“被需要”的需求在一种持续的危机处理模式里得以满足，这能够带给创业者一种自我认同感和满足感——企业的成功运作离不开他们。解决复杂的大问题会让他们觉得有趣而兴奋，相比之下，与伴侣和一本书安静地待着会让他们觉得无聊。对于他们来说，每天在工作和生活中切换模式是很难的，而每隔一段时间抽出一周时间与家人出去度假是可行的方式。这里有几种方式值得尝试：利用晚上的时间减压放松，在周末抽出一天远离工作，以一种温馨舒服的方式开启每一天，以不同的方式向伴侣和家人表示你很在乎他们，给自己留出独处的时间。不论你是否真正可以从工作状态脱离，好好倾听伴侣、家人或朋友的话，即便他们的关注点不在你的工作上。

时间管理和日程安排

创业者伴侣关系里很多矛盾冲突的关键是时间。作为创业者，你可能觉得一天的时间根本无法合理分配给企业、伴侣、健康还有自己。生活在 21 世纪，很多人都会有这样的感受。我们现有的文化停留在这样一个阶段——让人们选择一件有意义的事情去做——为了做而做，让自己显得有价值，“忙碌”本身就意味有意义和有价值。诚然，创立一家非凡的企业是有价值且有意义的，但创业只是生活的其中一个面而已。把时间花在你真正热爱的事情上，发明一款提醒心脏病即将爆发的装置，玩极限飞碟游戏，读一本扎迪·史密斯（Zadie Smith）的最新小说，或者所有这些事，意味着你需要有合理安排时间的系统。

我们都听过一个经典比喻，你的时间好比是个罐子，各类任务如同大石块和细沙，需要把它们按先后顺序放进罐子。这看起来简单而具有迷惑性，但却是真理。最大的挑战是，你需要知道想要达成的目标，然后做出合理的时间安排。现在、今天、这周和今年，对于你来说最重要的是什么？如果你非常清楚这一点，那么你需要做的只是把它们按轻重缓急排序。这件事本身工作量就很大，请永远与伴侣保持充分沟通，这样你个人的想法和你真正想做的事可以结合在一起。你也许不能永远就周六早晨做什么（整理房间还是睡懒觉？）与伴侣达成一致，但是你可以按顺序去逐一完成，并且随时注意你们是否都顺利地达成了愿望。

当你与伴侣达成充分、愉快的沟通之后，你可以使用科技手段来列出工作时间表。我有布拉德谷歌日程的密码，可以进去预先设置两人的约会，同时也可以看看他都在干些什么。通过看布拉德的日程表，我可以评估出他在周末的时候还剩多少能量，或者评估是否有合适的时机向他提出重新调整时间表的要求。布拉德超级棒的助手——凯莉，也会帮助布拉德安排时间表，看看有哪些事是合理的、有可能安排的。

但是我们不能完全依赖科技手段。为科技设限，是创业者在时间管理中很重要的一部分。你不需要在上床睡觉前再多处理一封邮件。你需要好好睡觉，让一晚上的好睡眠帮助你恢复脑力和体力。在上床前一个小时远离电脑就可以收到这样的效果。在周末抽出一天远离电子装置，可能看起来会是一个重要而又具有革命性的动作。如果这在你听来是不可能和怪异的，那么意味着你真的需要努力去尝试做到这一点，你可以回到现实世界，与伴侣和朋友待在一起。那些需要从科技世界里脱身的创业者，通常是最不可能做到这一点的。问问你的伴侣，如果关掉他/她的电子邮箱、电话、iPad 和电脑，怎样去打发时间会让他觉得有趣。然后问问他，最多能坚持远离网络多久，问问他这是不是一段即便远离网络依然感觉有趣的时光。这样的谈话通常很困难，因为两个人对于这件事情的预期和认知是不一样的。但这样的谈话是非常重要的，通过谈话才可以了解对方的期望是什么。

重申一遍，最重要的是价值观问题，以及你希望将如何度过一生。如果两个人一起规划并向着未来前进，那将是很美好的。设定好时间表并且写下来，比只是有这样的意愿更容易实现目标。两人约会，或者跟亲密的朋友一起聚会、吃饭和看电影，每季度一次的长假——如果在塞满了商旅和洽谈的日程中看到这些休闲安排，将是非常令人惬意的一件事。

当你规划私人休闲事务的时候，作为男人来说，很重要的一点，是要维护自己的朋友关系网络，可能并不需要携带家属。不论是打高尔夫球，玩扑克，还是参加翻唱乐队表演，你都得将这些休闲时间与和伴侣在一起的时间分开安排。这些休闲活动也许看起来不那么重要，但确实需要你花费时间。已有数据和事实显示，拥有宽广的社会网络是构建一个男人幸福快乐和精神健康的重要因素。而更多的女人倾向于组织闺蜜午餐或远足来释放压力，通过关系网络来进行情感连接。男人如果刚刚结束一段亲密关系或者正处在悲伤的情绪中，更倾向于较少的社交活动，社交活动会让他们感觉内心脆弱而陷入情绪的孤岛中。

如果你正在思考如何安排时间，或者正在评估过去的时间安排，饼状图是一个非常好用的工具。你可以尝试把表格分成三个部分：工作，娱乐，睡眠。我们的朋友，同时也是一位专业的生活教练——杰里·柯隆纳建议的时间切割法，“三分之一的时间留给外在的你，三分之一的时间留给内在的你，还有三分之一的时间留给其他”，可以理解为：“三分之一留给事业，三分之一留给自己（包括内在和身体），三分之一最大限度地留给家人、朋友、社群和世界。”相比只将自己的时间划分给工作和生活，三等分是一个更动态的结构，因为只是简单区分工作和生活是不够的。问一下你的伴侣，他/她是否认为你的时间安排正在朝这个饼状图靠拢。如果你实际可用的时间与表格里各类安排有大的冲突，那么你需要好好梳理一下。最后呈现的数据会让你意外，并且一定会非常有用。

时间管理的目标是要过上让自己满意的生活。在创业初期，你就可以养成很多好习惯，让你的交友、社区互动、健身、家庭等方面与创业同时朝着良性的方向发展。事实上，创业之初就在你整个的生活体系里建立时间边界和限制是更简便的做法。

学会说不

创业者面对的众多挑战之一是，他们将被各种各样新的、令人兴奋的、耀眼的邀请轰炸，让他们去旅行，或在各种会议场合发言，或者参加各种董事会，或者宣传他们的公司或产品。这些都很难拒绝。还有客户的邀请，显然这些对于一家成功企业很重要，但也非常占用创业者的时间。学会说不是如此难的一件事。学会说不意味着学会对生活中很多你想做的事情说“好的”。“我真的很想去见X，因为X会成为TED的主题演讲者；但是我已经答应了Y，因为Y正在照料我的蔬菜园子。”由此创业者会产生矛盾、焦虑和不确定的情绪。放下这些会促进企业成长的“机会”，只是为了可以陪伴女儿参加国际象棋比赛，那会怎样呢？明确你真正的价值，可以帮助你对那些事实上不利于你、你的健康和你的压力水平的时间承诺说“不”。创业者不想让任何人失望。并不是所有的人都需要通过取悦他人而获得认同，但的确有些人是这样。

学会如何说不，设定对别人和对自己的期望限制，都需要勇气和自律。接受别人和让人失望同样很难。你最后的决定和选择，一定取决于你最在乎而不能辜负的人，包括你自己、你的伴侣、你的家人，还有你最亲密的朋友。你的团队成员和客户应该出现在名单上，但是不应该排在最前面。人们将会认识，到当你说“好”的时候就是“好”，因为当你觉得不好的时候，会直接说出来。

差　旅

不论是一段愉快的旅行还是糟糕的旅行，其间发生的事都会堆在一起，然后一起爆发。对于创业者来说，旅行可能是他和伴侣之间最具挑战性的一件事了。这件事包含了时间管理，对伴侣的承诺，对自身和健康的管理，精疲力竭的状态，无法满足伴侣期望的情况，还有飞行。在我们的定义里，“工作”就意味着布拉德没有时间陪我，在关于我们俩在一起的时候将如何利用时间的相关谈话中，旅行是很重要的一个话题。另外，让人觉得麻烦的一件事是，因为我们连续很多天不在一起，步调不一致，彼此之间的默契也大打折扣。

每当周一至周五布拉德一路赶回家后，我们已经会有一些难受或不舒服的时刻了。经历了短暂的拥抱亲昵之后，我会感觉自己的地盘被侵占了。我会冲着布拉德说“别碰沙发上的那个枕头”或者“那最后一根香蕉是留给我自己的”。这不是让人觉得受欢迎或亲切的举动，但是由于白天我一个人待在家里，一个人完全控制了整个家的环境，就自然而然会去纠正布拉德的表现，所有这些进而成了对布拉德的惯性反应。我们把这个叫作“回归正常综合征”，常见于有孩子的家庭。在家庭里主要承担照顾责任的那个人，已经花了整个白天把家整理好，并没有什么时间跟成年人说话（主要跟孩子或者狗狗说话）或者是没有什么机会说大段的话，所以等他 / 她的伴侣回到家就很想说说话。而创业者的一天是不停地在听和不停地在说，当他 / 她回到家以后，只想安静，一句话都不想说。经验告诉我们，易怒和短暂分开导致的情绪和不适会随着时间过去，所以我们通常会做一些过渡的活动，比如在家看电影。你和你的伴侣也许能够轮流通过上下班路上的电话沟通回到家后谁需要亲密的联系，谁又需要安静。重申一次，在两人都有“回归正常综合征”迹象时，要努力保持平等和公平，不论是对日常生活或是漫长工作周后的休闲周末而言。

你和你的伴侣应该会交流探讨如何来弥补那些逝去的时光，或者怎么安排时间是可行的。布拉德和我都努力记得给对方“欢迎回家”礼物，还有“看看，我在托莱多机场给你买的，我一直想着你”这样的礼物，但这并不意味着给对方压力和期望。这只是一个额外的积极的习惯，表示即便我们分隔两地，却彼此惦念。

如果一对创业者伴侣有了孩子，所有这些事情都会变得复杂。很多创业者伴侣有孩子，而他们又有大量的出差。下面我们看看，吉尔 · 科恩（Jil Cohen）和她的老公大卫（David，TechStars 公司 CEO）是怎么看待这些事的。吉尔和大卫用了好几种不同的方法来处理繁杂的旅行和孩子事务。

大卫正在经营 TechStars，在五个城市都有业务，同时他还有好几只联合基金。我们都喜欢博尔德，也喜欢待在一起，所以这对我们来说是非常难的。但过去这些年，我们找到一些很棒的折中方案。

有时候大卫的出差安排多到让人疯狂的

状态。有好几个月他在博尔德只待两三个工作日。我们经常在几个月前就可以预见到这种状况，所以我们学会了提前规划。例如，如果我们已经预见到 9 月至 11 月大卫会有大量的出差，那我们会安排一个“没有出差的”月紧随其后。这会给我期盼和希望，仿佛黑暗隧道尽头的那盏灯。当他回到家，我会先帮他放松一下。我可能会给他安排一次惊喜的按摩，我知道现在并不是让他去清理车库或者追着婴儿车跑的最好时机。这对我来说不容易，但我只是想让他知道，我知道他也不容易。

大卫非常擅长缩短在路上的时间，但是有时候我又会担心这一点。不论是启程还是返航，他常常会选择夜间航班，这样可以尽量缩短旅途的时间。因为休息得很少，常常会让他筋疲力尽，回到家时他无法专心在家庭上。最后我们讨论并达成一致的结果是：他以后不能经常选择坐夜间航班。当大卫在出差的时候，他常常每天工作 15 个小时，所以相比在飞机上强迫自己睡着，在酒店里的夜晚可以让他更好地休息。

我们有一个约定，任何超过三晚的出差都需要事先商量和规划。我们想尽量减少大卫繁重的出差，当然这也是有规律可循的。其中一个解决方案是，如果大卫需要出差超过三个晚上，我们要考虑有几个家人或者整个家庭跟着他一起去。举个例子，每一年 TechStars 都会为校友公司举办年会。我们一般都会全家一起过去参加，正好可以换个新鲜的地方玩乐和放松。这也可以让我更多了解大卫的工作。我很愿意见证大卫的公司是如何进步和成长的。这也让我更多地观察大卫正在做的这些事哪些是积极的，而哪些会对别人造成冲击；也能帮助我们在安排规划时间表时让大卫的行程更轻松一些。

我们最后学到的一个有帮助的技巧就是，当大卫在繁重的出差任务中时，我带着孩子去探望我的家人。有时候，我会带着儿子去达拉斯探望姐姐一家，或者带着父母开车去山里小住。不用频繁地过分压缩出差的行程对大卫来说是件非常好的事，它也帮助大卫减轻压力和又要离开我们的内疚。他知道我们是快乐充实而忙碌的，而且有人帮我照顾孩子。

当大卫在家时，他会把时间腾出来专心放在家庭上。他在周末很少工作，除了悄悄溜走去查阅一小会儿电子邮件，而且大部分是在晚上。他学会了当他在家的时候，要更多地“参与”家庭互动。这样的相处质量弥补了数量的不足。对于我们来说，这种方式是有帮助的。我们感受到了工作和生活的平衡。

全职妈妈，吉尔·科恩

大卫·科恩，TechStars 创始人

性别差异

很显然，性别差异是个复杂而又阴郁的话题。相信你和你的伴侣会有很多关于“真实的你是怎样”的生动有趣的谈话，我们在沟通方面的差异主要体现在性别、情商以及同理心。有各种各样的学术研究是关于男孩如何在玩耍中求胜以及注重游戏规则，女孩如何在玩耍中照顾到每一个人以及注重先后顺序的。这些特质会持续进入未来的成人模式和伴侣关系中。很多正在进行的辩论是关于女人的大脑里是否有更多镜像神经元，所以她们更擅长表达同理心的。你可以试探着走进“生理决定命运”的雷区，你会发现那些你和伴侣间不可调和的问题，可能就是单纯因为你们的生理性别差异，或者因为心理性别上的差异而表现出不同的观点和角度，甚至即便你们的生物性别是一样的，那些问题也无法避免。

在你的伴侣关系中，这是一个很值得去探索的领域——“你眼中的世界是什么样子的，你又能与之有多少沟通，将取决于你的性别。”

守　时

我曾经说过，我其实只想改变布拉德两件事：其一是他从来不关心哪怕一点点时尚、穿着或外表；其二就是他总是迟到。（注意这个泛泛且不精准的用词

“总是”。）在 20 世纪 90 年代中期的旧金山，手机尚未普及，信鸽已经过时，我和布拉德在波士特里欧餐厅有个晚餐约会。那是一家很漂亮的餐厅，墙上挂了很多詹姆士 · 罗森奎斯特的油画。布拉德迟到了，严重迟到。我等了很久，以至于服务生都能感受到我失落的心情，免费送了我一杯香槟。当布拉德赶到的时候，我的脸色铁青，已经没有任何心情继续享受浪漫晚餐。这样的事在前十年经常发生。布拉德花了好长时间才意识到他的这次迟到实际上传递出“他的时间比我的时间更重要”的意思。而我会一边担心他受伤，一边生气遭到这样的待遇。

现在我们有了手机，这个状况有了些许不同。布拉德打电话说“我可能会迟到，但是我正在路上，我没事儿”，然后道歉和祈求原谅会变得更容易一些。但还是埋下了处事不周的隐患，因为着急飞奔带来肾上腺素飙升，也会产生很多不必要的压力。当你规划时间的时候，要注意给自己预留一些喘息的空间。如果在各种电话和各种会议之间有一些短暂的时间，花两三分钟深呼吸，可以带给大脑额外的氧气，并且可以调整好心率。闭上你的眼睛，全身心去感受气流的呼进和呼出。这样你会更能投入下一个会议，你会更能深思熟虑地面对别人和你自己。

现实一点吧。布拉德还是很乐观天真地认为，从家里到他的办公室只需要 0 分钟，事实上需要 30 分钟左右。如果你总是用空间传送器来安排事情的话，迟到就是必然的下场。如果你想狼吞虎咽、囫囵吞枣地赶着做很多件事，那么你不可能把工作做好，因为很容易丢掉关键点。布拉德提高了他准时赴约的比率，这使得他和我的关系得到了缓和，并且改善了他和商业伙伴的关系，因为之前在商务聚会上他也经常迟到。然而，他还是一点都不关心时尚。

准备出门

这是一个更加隐秘的可能引发冲突的根源，但也是可以控制的。我们知道出门这件事情对于很多伴侣来说会引发很大的冲突，会产生摩擦和争执。当朋友们来我们的滑雪别墅里拜访时，在他们身上也看到了这种情形。一个人反反复复回去客房取手套、头盔或护目镜，与此同时，愤怒已经明显浮现在另一个人的脸上。举一个我们的例子，布拉德花了 20 分钟做准备，但是他竟然没有刮胡子。我并不算特别慢的，从冲澡到出门花了 30 分钟。但因为时间卡得特别紧，以至于当我准备好要出门，布拉德还在处理一封电子邮件。对此，我显得没有耐心，而且脾气急躁。

下面是我们的部分对话：

我：你知道我们快迟到了，为什么不等我一起走？

布拉德：我已经弄好了。我可以边处理邮件边等你。

我：为什么你不能在门口等我，而是要坐在电脑前等我？

布拉德；因为我不是一只金毛猎犬？——听到这我笑了，紧张的情绪一下子就缓和了。

通常，我的迟缓，是因为自己有一点社交恐惧症，因而更愿意待在家里，而不愿意出入任何社交场所。布拉德了解这一点，因此他不会在出门这件事上去升级我的焦虑情绪。这也是一个了解你的伴侣特别的小怪癖并且用幽默去化解紧张气氛的例子。

是要争对错还是要彼此都开心

你是想要争出个“谁是谁非”还是要彼此都开心？在我们的关系里，我特别在意“是我对了”，对我来说，“是我对了”能让我感觉开心。布拉德会更在意彼此开心。一般来说，我们俩的争论时间都不长。

这并不意味着布拉德是被动的。他不会一味反对，而是会非常清楚地表达他的意见、观点，不论他不赞同的事情是否需要进行讨论，他都会就自己的意见、观点进行辩论。不过布拉德从来不会突然发怒，是否赢得这场辩论对他来说并不重要。

很早的时候我们讨论过彼此个性上的不同。我经常是对的，但并非每次都是对的。当布拉德发现我错了的时候，他不会升级争辩，他会走开去收集数据。在数据收集上，谷歌带来了很多便利，而维基百科更加方便。

我也学习到了当发现是自己错了的时候如何变得更加优雅。相比生闷气或暴怒，布拉德用数据和一点幽默证明无须多言，我则是嘴里哼着歌一带而过。

决　策

日积月累之下，小的矛盾会变成大的分歧，会影响伴侣间做决定时的和谐。而在一段新的关系里，如果每件小事都要与伴侣商量的话，那么你会觉得自主权受到了限制，将会引发摩擦，或者觉得被排除在外，这样对双方都会造成不利影响。事实上，每一个人都享有自我决策的权利，而非事事都需要伴侣的参与。但在一些事项上为共同决策建立一个机制是非常重要的。在某些事项上，布拉德把决策权给了我，比如买家具、度假的地点以及布拉德的穿着和发型。

作为创业者，你可能需要迅速决策，也可能不会有太多时间再去回顾已经做出的决定。你的伴侣却需要更多的时间去梳理支持这个决策的各种理由，并且最大可能地参与更多的、甚至比你在创业企业里所做的还要多的决策。对各自的不同风格表现出耐心是很有帮助的，同时找出哪些是可以让你的伴侣参与的事项，哪些是你得个人独立决策的。幸运的是，布拉德和我的风格很相似，我们同样决策迅速，一个决策完成，会转移到下一个。我们犯了很多错误，做了很多错误决策，但是我们会用同样快的速度去决策如何弥补错误。千万不要做很多蠢事去追究这是谁的错、那是谁的错，或者去抱怨伴侣所做的错误决定。错误永远留在过去。让它过去，把时间聚焦在如何解决现有的问题。

关于怎么花钱的决策是个非常棘手的问题，伴侣关系中的一人会认为另一人正试图在控制所有的事情或者不作为。当然，我们的确有财务决策权的上限，超过上限时另一个人必须要介入。当布拉德用我们自己的钱做投资决策的时候，他有一定权限，这个权限在我的舒适范围之内，在这个权限之内也意味着我不需要再拿出钱去投入。财务决策权限上限在过去有所提升，但不论这个上限是多少，只要是我们自己的钱，我都要有说话的权利。对于公益捐赠，也是一样的。我做了大量支持非营利机构的决策，但是对于大数额的赠予，布拉德需要知道背后支持这个决策的理由。同时布拉德也用很多钱支持了一些组织，我也需要了解为什么。我们几乎不会就某一个投资或赠予决策投票或者直接否决，但有必要就这样的决策与伴侣做一个至少是简短迅速的沟通交流。

包容究竟意味着什么？

当你正在努力适应与一个可能比你还与众不同的人生活在一起，这就成了你生活的日常。你是只早起的鸟儿还是只夜猫子？是素食主义者还是食肉动物？是喜欢看电视早间新闻、听电台新闻还是根本就不喜欢新闻？喜欢喝咖啡还是茶？抽烟还是不抽烟？喜欢狗还是喜欢猫？不同之处太多了。你和你的伴侣需要明确哪些不同会影响到你们，哪些不同无所谓，或者按顺序来满足你们各自的需求。听莫扎特还是听 N.W.A and the Posse）是件很难妥协的事。（戴上耳机听吧。）

包容并不意味着你们需要变成两个完全一样的双胞胎，然后快乐地生活在一起。包容意味着尊重：尊重伴侣的不同，去接受双方关于许多问题的看法差异：早晨先干什么后干什么、餐巾的重要程度以及需要准备多少双鞋才够……我们相信争取公平的氛围并包容对方可以抹平这些不同点。但是，日常生活里的一些小麻烦会沉淀下来形成大的斗争或者更深、不可调和的冲突。当你们因为选择音乐而争吵，或者是面临着一个更重要的价值观方面的冲突时，尝试去清楚地表达出来。尝试不同的形态和对话，去探讨哪些是有用的，哪些是无用的、明确边界，不要让犹豫不决充斥你的日常生活。

“不是冤家不聚首”这种桥段太俗套，但却常常在创业者伴侣的真实生活中体现。这里有一个例子，来自新婚夫妇莎拉（Sarah）和巴特·洛朗（Bart Lorang），巴特·洛朗是 FullContact 的 CEO。

巴特

莎拉和我 2009 年秋天在读研时相识。上课的时候我坐在她的后面。那时我并不知道莎拉无法忍受我的存在。我说话声音很大，固执己见，口才很好，过于自信。最后，莎拉把她的椅子搬走，离我远远的。

显然，我根本没有注意到这些。

这些都证明我和莎拉是完全不同的两种类型，但这并不影响我们成为彼此的完美伴侣。

她热情，大方，友好，谦逊，有耐心，非常体贴。这些优点我都没有。我是一个全力以赴的创业者。从早晨睁开眼到晚上闭上眼睡觉，我全身心投入在我的初创企业 FullContact 上。我从来没有松懈过。

但是当我跟莎拉开始伴侣关系之后，这一切都与莎拉有关系了。她有非常好的办法让我在需要的时候回到现实世界，并且让我平稳“着陆”。

莎拉从一开始就陪伴着我。创立 FullContact 三个月之后，我开始和莎拉约会。事实上，她喜欢说她就是 FullContact 的灵感之源。莎拉沉醉于细心整理她的地址簿——的确做得非常完美。但是我却很懒，不愿意花时间去更新我的。从这点来说，莎拉说的是对的。

莎拉给我机会让我不停地说，去谈论创业路上的起起伏伏。她总是很支持我，而且总是极其有耐心。

在 FullContact 经营期间，我私下里不止一次对莎拉说过要放弃或者退出。但是莎拉一直在推着我往前。她督促我继续。她会痛骂我，让我好好考虑退出的事。如果没有她的督促，我们不会等到 TechStars，不会等到融资，FullContact 也就不会存在了。

过去三年，莎拉看着这个叫 FullContact 的“事业”从一个小点子变成一家公司，这个过程里我们的关系在不断升级，公司也在不断成长。从很多方面来说，FullContact 不仅仅是我的孩子，也是她的孩子。

莎拉

他们说“不是冤家不聚首”，但是我从来不这样认为。我猜想这很大程度上是因为我认为这句话指的是外部的特质——你知道的，好女孩和坏男生。我得把自己形容成非常好的女生。我是那种从小就受到了很好照顾长大的孩子，经常出现在荣誉名册里，经常参加课外辅导班。作为一个成年人，我并没有什么特别的不同。

我专心上学，拿到了学士学位和研究生学位，然后找了一份全职工作。我很幸运，我有一个成功且充满挑战的职业生涯。我是一家本地非营利机构的联合创始人和董事会成员，旨在帮助那些孩子有成长问题的家庭；还是另一家非营利机构的董事会成员，旨在帮助需要特别治疗的孩子；我还利用在家庭生活方面的资源来维护一个博客。长话短说，我是一个成绩突出的书呆子，一般初次见面的时候给人的感觉是过于循规蹈矩。

如果你问，几年前我的对立面是什么样子，我会说那样的一个形象应该是：成就低于别人对他的预期，不太尊重知识和教育，完全无视规则、法律和其他任何社会规则。好吧，我错了。我的伴侣，巴特，就完全是我对立面的样子，这些毛病他都有——除了最后一点可能不全是。我们参加过大量的个性分析测评、能力测评，还有其他一些关于彼此相容性的测评，每一次测评的结果都显示我们俩完全是两个极端。

那么这意味着什么呢？我和巴特处理信息的方式完全不一样。他一点都不像在我固有的印象中与我的特质截然相反的“坏男孩”。当我们计划假期旅行的时候，我有四页纸的待办事项，还有像打包这样的明细表需要逐个填入；巴特则需要负责另外三个部分：订机票，订酒店，还有收拾行李箱。我投入了很大的精力，因为巴特对于旅途规划总是不能考虑得足够周全。在工作上，如果谁要递个什么东西给我看，我需要他/她以书面的形式提前呈现，这样我可以抓住重点，认真考虑所有可能发生的事，处理所有的细枝末节，然后写下我的意见和建议。我希望所有的事可以呈现出尽量多的细节，这样我可以了解每一个部分。而同样的事情，巴特只是需要迅速、简明扼要的口头报告。他会马上讽刺递给他冗长报告的人。他决策迅速，几乎都很冲动；但是我就会停一会儿，好好想想。

如果没有各种各样的沟通工具，几乎可以断定我们的关系在最开始的时候就会完蛋。我是那种女生——什么都放在心里，让它们在心里滋长，直到有一天我愿意说的时候才说。巴特则总是随时分享他的想法，从来都直言不讳。我会像逃避瘟疫一样逃避冲突。但是巴特会拥抱它，甚至把它当成一项很享受的运动去看待。我必须承认在我们的关系里巴特非常乐意来适应我——他非常棒，他会经常来看看我怎么样了，说服我敞开心扉，尽最大的努力给我时间和我需要的细节来做决定。我还是习惯于总结：总之，每一件事，因为他而变得越来越好。

我觉得我们作为伴侣之所以能相处得非常好，相比关注事情本身、良好的沟通、充分理解对方是如何处理信息的，更重要的是我喜欢巴特身上所有我并不完全明白或者甚至无法仿效的部分。他总是督促我离开我的舒适区，让我意识到应该从不同的角度去看待生活，常常让我感觉自己是这个房间里最重要的一个人。巴特是我所认识的最有热情的人之一，在工作上比我更加细致周全，比我梦想要成为的人更加有胆识、更无所畏惧。通过观察巴特，我成了一个更好的人。与我对巴特永恒不变的尊重同样重要的是，我知道巴特有多么尊重我，总是问我的意见，以便于他能看到整张蓝图。简单地说，我们俩构成了一个整体。

巴特·洛朗，FullContact 公司创始人

莎拉·洛朗

支持者与批判者

在创业者需要反馈的时候，创业者的伴侣通常要扮演双重角色。有些时候，我是布拉德最忠实的啦啦队队长，激励他继续朝更伟大的目标迈进，保护他免受各种批评的伤害，在他自我否定的时候鼓励他。而另一些时候，我是布拉德最严

历的批评者，开放地挑战他的点子，提出不同的角度和观点，积极地对某个决定或行动发起争论。

我们鼓励彼此这样做。然而，在这种互动中，布拉德有责任去明确他需要什么，特别当我扮演批评者的时候。我们是抱着信任的愿景开始交往的。布拉德信任我是他最大的粉丝和最诚实的批评者。但是我知道，当布拉德需要支持者的时候却我充当了批评者的角色，当我总是扮演支持者的角色，或者是当我发现了一些问题却不提出批评和质疑时，那么我就并没有帮助到他。当布拉德提出我用了一种错误的方式时，与其反击，我会马上切换一种合适的方式。

当然，措辞得让对方感觉交流依然非常顺畅。可以很简短地说“甜心，我现在需要你为我加油”或者“甜心，我需要你对这件事的看法”。注意使用明确的语言：布拉德用了“甜心”这个词来暗示他正在提出一个明确的要求，相比模糊不清，他清晰地表达了需要我采用什么样的方式。

相聚与独处

在两人相处时会出现一种情况：你们可能会有不同且让彼此困惑的需求——即便相处一室，也有沉浸在自己的世界或者独处的需求。要求自己一个人待着，冥想，并不总是与你的伴侣时刻黏在一起，看起来可能挺自私的，但是如实地表达你的真实需求也是很重要的。如果在独处时间上有摩擦，那便努力早起，这样在动手做家务之前，你会有时间静默和冥想。如果你是个夜猫子，上床前 30 分钟关掉电脑，用这段时间来做任何可以净化你灵魂的事。运动是另外一个与自己思想对话的好时机，不但对放松和净化思维非常好，同时对于身体和健康也是非常有益。理论上说，你的伴侣会支持你独处，但是你需要去表达——独处并不是你拒绝他 / 她或你们关系的一种方式，也不是表达彼此不同的一种方式。苏珊 · 凯恩（Susan Cain）在她的书《内向性格的力量》（*Quiet：The Power of Introverts in a World that Can’t Stop Talking*）里写道：在这个吵吵闹闹的世界上，远离外部的干扰，去探索独处时的充实与价值，重新恢复创造性，甚至忽视伴侣的存在。

你的麻烦，他的麻烦，你们共同的麻烦

每个人在恋爱之前，都有自己的个性、过往的故事以及丰富多彩的经历。从一些细节可以看出，部分人有容易焦虑的习惯，需要对方极大的包容和幽默来化解。每个人都如同醇香的陈年佳酿。彼此的关系可能会因为那些过去的特别经历变得更深入，也可能变得更紧张。在一段关系里，如果一个人需要很大的控制权，而另外一人却需要很大的自主权和自由，那么就会引发持续的冲突，除非你们都做出一些妥协，并且对自己失控的状态负责。如果一个人处于焦虑混乱状态，那么他很可能需要跳出你们的关系向外寻求专业帮助，需要很努力地从发生冲突的事情中抽离出来。如果你们当中的一个从小生活的环境中有常年酗酒的人，那么他很可能需要格外警惕酒精的饮用。还要特别警惕一堆从原生家庭带来的不良行为，而这些行为在你们的关系里是不能被接受的。努力对自己的事务负责，努力修复自我，同时努力和你的伴侣一起打造一段健康的关系。

倒霉的事情发生了——现在情况怎么样

亨利·沃兹沃斯·朗费罗（Henry Wadsworth Longfellow）说过：每个人都会遇到阴雨天。如果你更熟悉现代流行文化元素，艾拉·费兹杰拉（Ella Fitzgerald）的歌也会告诉你同样的道理。 不论作为个体还是作为伴侣，如何度过艰难时光，都会是你们关系里最难的考验之一。这些艰难的时刻会从很多无法估量的方面去把你们两人捆绑在一起。创业九死一生。即便有些公司存活着，也是举步维艰、摇摇欲坠。不好的事情接踵而来，包括疾病、车祸和宠物死亡。不同的人有不同的处理风格，都会在你最需要的时候，无数次在你们之间产生不和谐与裂痕。安德鲁·佐利和玛丽·希利的书《恢复力》里有大量关于如何渡过困境以及如何从困境中学到些什么的信息。明白伴侣愿意支持你渡过好的和不好的时光，真的可以帮助你减少糟糕命运带来的流弹和暗箭。

结婚还是不婚

当然，决定是否要结婚，什么时候结婚，是个非常棘手、非常尖锐的问题。“结婚还是分手”在一段关系里是个常见问题。这里没有简单的答案。显而易见，你们俩都需要在走到办理法律手续那一步之前真正做好准备。在你们讨论结婚事项时，我们希望你已经有了很好的习惯，按顺序依次分享自己诚实的感受，同时，真正去聆听你的伴侣。有时，因为你不是对方，是很难理解对方的感受的。如果你是想结婚的那个人，之后你慢慢意识到你的伴侣并没有这样的想法，那么你需要做一些艰难的取舍，究竟是有多想跟他生活一辈子，或是究竟有多想结婚。这样很情绪化的话题，是需要你们规划一个时间去进行讨论的，一个季度一次，或者半年一次，看看其中一个人是否向另一个人的想法又靠近一步了。然后，把这个话题搁置在一边。我们不赞成“最后通牒”；但是可以设置一个具体的时间界限，比如三年内达成一个简单统一的共识，即以什么的方式渡过你们的生活。

焦虑和抑郁

事实上，有几类创业者很容易患上的精神障碍，特别是焦虑和抑郁就像一对双胞胎，盘旋着上升、上升，直至升级为双相情感障碍（躁狂症与抑郁症交替发作）。是在为创业企业而焦虑，还是为成功和失败而焦虑，是很难区分的。如果你是一位创业者，发现自己真的无法停下来，尽管你很想休息、让你的思维放松，但是晚上却无法入睡，你的伴侣真的对你很生气或者担忧，那么你可能真的得了焦虑症。

焦虑症的症状包括：

- 感觉恐慌、害怕和紧张。
- 感觉失控，强迫性思维。
- 反复同样的想法或者回放遭受心理创伤的经历。
- 做噩梦。

- 固守仪式感的行为，比如反反复复地洗手。
- 睡眠障碍。
- 手脚冰冷或者黏糊糊的。
- 呼吸局促。
- 心悸。
- 失去安静和镇静的能力。
- 口干舌燥。
- 手脚麻木或刺痛。
- 恶心。
- 肌肉紧张。
- 晕眩。

如果你有这些征兆，请寻求专业帮助。作为一名创业者，就意味着会在一条充满高压的路上奔跑，如果你正在经受焦虑的折磨，可以去寻求专业帮助。

如果你完全无法从工作中感受到快乐，正感受到害怕，或者有睡眠障碍，你可能得了抑郁症。如果你认为自己可能得了抑郁症，请寻求专业治疗。抑郁症的症状包括：

- 注意力很难集中，经常遗忘细节，很难做出决定。
- 疲劳，感觉到能量不够。
- 感觉到罪恶、无价值、无助。
- 感觉无望、悲观。
- 失眠，在早晨醒得很早或者嗜睡。
- 易怒，坐立不安。
- 对曾经喜欢的事或爱好失去了兴趣，包括性爱。
- 暴饮暴食或者没有胃口。
- 持续的疼痛，头疼、痉挛或者消化问题，且即便是去就医也不容易得到改善和痊愈。
- 持续的悲伤、焦虑或者放空的状态。
- 有自杀的想法或尝试。

抑郁症伴随着很高的自杀率。根据 WebMD 的统计，每 10 个抑郁症患者中就有超过 1 个人自杀。任何一个表达过自杀念头或有自杀倾向的人，都需要被非常、非常认真地对待。如果你身边有这样的人，不要犹豫，请立即拨打当地自杀求助热线。

因为抑郁症而产生自杀倾向的警示信号是：

- 突然转变，从非常悲伤变成非常镇静或者显得很开心。
- 总是谈论或者总是想到死亡。
- 临床抑郁症状（极其悲伤，对什么事都提不起兴趣，睡眠障碍和饮食障碍）进一步恶化。
- 有“死亡的期望”，愿意冒险求死，比如开车闯红灯。
- 对于曾经关心的事失去了兴趣。
- 表达诸如没有希望、无助、没有价值的感慨。
- 开始安排处理家务事，对于那些松散杂乱的事开始收尾，修改遗嘱。
- 喜欢表达“如果我不在了，可能会更好”或者“我想离开”。
- 提及自杀。
- 去拜访自己关心的人，或者给自己关心的人打电话。

如果你或你的伴侣出现诸如焦虑、抑郁、自杀或其他精神疾病的症状，请寻求专业帮助。

第九章 应对重大挫折：疾病、关系破裂和离婚

除了第八章讨论的一些冲突，还有很多其他类型的挑战，我们称为“重大事件”。这些可能会给家庭关系带来巨大压力，常常还会导致关系破裂。其中一些事情，像重大疾病、意外事故，会突然发生。其他的，例如关系破裂、离婚，是随着时间慢慢形成的。无论这些事是突发还是能预先考虑到，压力都会悄悄跟着你，不知道什么时候就突然冒出来。那些能帮助我们安全渡过重大事件的危机处理机制，其实早就成型了；那些最后导致失败的根源，其实也早就埋下了种子。

我们俩在结婚之前，都分别经历过之前的一段情感失败带来的阴霾。我们在一起会产生哪些冲突，会对什么事情敏感，如何处理矛盾……这一系列问题都会受之前阴霾的影响。幸运的是，我们都了解彼此，也了解我们的前任，我们努力开诚布公地面对这个挑战。不论如何，我们之前的关系都会对现有的关系带来挑战。

作为夫妇，我们还要面对疾病和死亡。布拉德的一个同事喜欢说：“人生逃不开疾病的。”毋庸置疑，死亡最终会来到。当我们面对死亡或重大疾病时，无论是自己的亲人还是朋友，都会是一场考验。

重大疾病或意外事故

当你自己、伴侣、孩子或其他你在乎的人陷入重大疾病中时，你的公司就不

再是生命中最优先的事情。就像一句谚语说的那样：没有了健康，就没有了一切。真是非常正确！

在2012年春天，我在家门口的冰面上摔倒了，手腕伤得很严重。布拉德在圣安东尼去SXSW大会的路上。接下来的四天非常紧张，他要参加各种会议、发表演讲、参加聚会。下面是我跌倒和弄伤自己之后，布拉德写的博客。

那天上午，我在圣安东尼的TechStars Clouds的各种会议间隙休息了一下。查收电子邮件时，我收到了妻子艾米的信。标题这样写道："我弄伤了我的手腕"。邮件里说："我在台阶上摔倒了，之后挂了个急诊，做了X射线检查，餐叉型的骨折，帕姆和雷恩会带我回家，所幸伤得不严重，右手手腕也没有伤到。"

我马上给艾米打电话，也很快收到了她的语音邮件。听见我挚爱的她在痛苦中，但是我又不能马上给她任何帮助。对于我来说，没有什么比这更令我不知所措的事情了。"我刚才给你打电话了，你方便的时候打给我。"我给她回了一封邮件。之后又努力将心思放到下一个会上。30分钟之后她打过来了，我们进行了简短的、潸然泪下的沟通。但是她因为要进急诊室，就挂断了电话。接下来的两个小时，她还没有打过来。我决定明天一早第一件事情就是飞回她的身边。

凯莉，我那位令人敬畏的神奇助理，她负责和SXSW大会组委会打交道，把我的会议时间安排在了周四到周日。尽管这会让一些人感到不舒服和失望，组委会还是表示非常支持我回家去照顾艾米。这时候，我终于和艾米联系上了，她很高兴我马上要回家了。到了下午1点钟，我才安定下来。我无时无刻不在想她，但又因为自己要出席会议不能照顾她感到无助。

在TechStars Clouds的这一天真的很好。这帮家伙真的很棒！有一些新公司真的发展得很好也很快。现场非常热烈。当我一方面为SXSW大会感到兴奋时，另一方面又非常担心。这是这次旅程的第一站。从和TechStars Clouds伙伴们的互动中我获得了很大的力量。我希望这些力量能够支持我，在未来为期四天的 SXSW 大会上能表现得更好。

当然，生活还在继续。和艾米在一起绝对比和一群对科技狂热的理工男待四天更重要。我住在旅馆里，难过得睡不着觉，恨不得有一个空间传送器可以在 30 秒内把我送回家。我将在 12 小时之后回家，但我却觉得好漫长。我知道艾米已经没事了，但是我已经失去耐心，想马上回到家，见到艾米。

昨天，我在博尔德的 TechStars 度过了一天。我就“创业者的疯狂痴迷”做了一个简短的演讲。其中我论述了从更长时间维度看事情的重要性，痴迷于那件你要坚持一生的事情。我认为：人生总是充满着各种意料之外的事情，你需要足够灵活地应对它们，特别是当它们与工作无关却非常艰难、痛苦和悲惨的时候。我现在就经历着这些，所以，我将不能和 SXSW 大会上的很多朋友交流了。接下来的四天，我将会和这个星球上我最在意的人在一起。这感觉很好。

我们非常幸运，我的伤虽然严重但是很快便康复了。但是，我们的老朋友保罗（Paul）和勒妮·巴巴里安（Renée Berberian）却遇到了一场严重的事故，完全改变了他们看问题和生活的方式。

我们在阿拉斯加的家里度过了一个月时间。那时候，保罗的合伙人托德·弗农发给布拉德一封邮件。简要地写道：“保罗和勒妮遇到一个大事故，他们现在在医院的重症监护室。给我打电话。”那时，布拉德是保罗和托德创办的上市公司 Raindance Commuications 的董事会成员。所以，除了担心朋友外，作为上市公司的监事和高管，他们还承担着责任。布拉德清楚地记得那一刻，保罗和勒妮的故事深刻地影响了我们的生活方式。下面是他们的故事。

保罗·巴巴里安

我妈妈知道死亡是什么样的。作为急诊室的护士，她一生曾经照顾过很多人，从初生的婴儿到年迈的老人。我的父亲、祖父母、舅舅和两个姨母辞世的时候，她都陪在身边。在我们全家在考爱岛卷入了一场可怕的事故两天后，妈妈出现在了我们的重症监护室，我意识到事情非常糟糕了。

我的妻子伤得非常严重，直接被空运到了瓦胡岛最好的创伤医院。我和女儿在另外一家医院。我的大部分家人都去看她了。我妈妈来到考爱岛，和我的女儿在一起。我女儿没有受到严重伤害。当我看到妈妈的时候，第一件事情就是问她："勒妮怎么样？"她看着我，用一种我从未见过的目光看着我，说道："不是太好，保罗。她可能撑不住了——我不知道。你必须祷告。"

八天之后我才能去勒妮的身边。我妈妈一直和我在一起。当我恢复过来后，我和妈妈谈了谈，她告诉了我勒妮的最新情况。在医院里的最后一天，妈妈跟我说的一些事情改变了我的人生观。她说："你将会痊愈。勒妮，如果她能挺过来，将会需要一段很长的康复期，她将大不如前了。这次创伤带来的精神压力将会破坏你们的婚姻。如果你想继续你们的婚姻，你需要去陪她。现况对你们不利。"这不是我期望的那种给我打气的谈话，尤其是我还处在痛苦中。但我深深知道她是对的，我决定把一切付出给予自己的婚姻和家庭。

九年后，我们的身体完全康复了。我们仍然拥有幸福的婚姻。那么，当我真的付出的时候，改变了什么？

最重要的改变是内在的：关于成功和幸福的观念。在这个事故之前，我立下雄心壮志要做更大规模的公司，更有权力、金钱和责任。事故发生之后，我辞去了上市公司总裁职务，卖掉房子，着手计划为期一年的休假，计划在我们都康复后一起环游世界，这件事情在2006年成行。过去，我总想得到更多。现在，我追求更少但更高品质的事情。过去，我害怕放假。现在，我期望假期。我只是简单地、追求更少的生活。

偶尔，我还会犯错，完全摒弃物质真的很难。但有些事情会发挥作用，就像我妈妈曾经和我的谈话。同样，一个美国老牧师用蹩脚的英语告诉我：“婚姻不是50/50合伙，而是100/100的投入。但作为创业者，你不可能百分之百地投入婚姻，所以当你陪伴着她的当下，就保证百分之百投入。”换句话说，我需要单枪匹马为婚姻努力，并相信勒妮同样会这么做。

有时候，我会为我们的关系感到沮丧。我想象着能用一个绝招破解这个问题或者指出错误。但我通常会学会暂停下来，及时转念。我努力自己承担这种沮丧，用爱心对待勒妮。当我烦恼的时候，我会给她买花，好好收拾屋子；当她不能殷勤照顾我时，我就听她差遣；当她心情不好的时候，我下班后就早回家。就这样，生效了。这不是小伎俩，而是将精力聚焦在问题上。争吵和打架是一种表达情感和解决问题的方式。善意的行动同样也是，即使你没有感受到善意的反馈。

这不是我在行为上有意识的改变。在事故的手术后，勒妮经历了几年的康复期。很多天，很多周，很多个月，她不能变回那个喜乐、开朗的自己。她无法成为一个母亲和妻子，有时候，她的疼痛变成了愤怒和绝望。在浑身都有慢性损伤的情形下，她付出了巨大的努力向我们表现自己很高兴。只有善良和爱可以让她打起精神，最终改善我们的关系。

勒妮·巴巴里安

考爱岛的那场严重的事故彻底改变了我们的家庭，还有我们的人生观。这段经历影响和改变了我们俩，有些改变是相同的，有些改变是不同的。我对那些不负责任的酒驾、毒驾，真的非常恼火。所幸我活下来了。我已故的公公说的这句话——你可以赚更多的钱，但你不能赚更多的时间——对我来说，具有特别的含义，从此固化在了我的脑子里。

我们丢下一切工作，带着一大家子，共十个人，购买了单程票到夏威夷。然后十个人分散开来，分别去到了考爱岛和瓦胡岛。这次的旅行安排对于保罗来讲是十分开心的事情。在后来的事故中，我和保罗都严重受伤，在岛上接受了治疗，七岁的女儿马洛没有跟我们在一起，所以没有受伤。

在漫长的手术室、重症监护室、骨科治疗室和专业的康复理疗时间里，我们需要面对各种手术、药物并发症、失去肢体甚至生命的危险。消息传开后，朋友们和陌生人都用卡片、电子邮件、电话、礼物和鲜花鼓励我们，这让我们感觉好多了。

回到家，保罗和我都被绑在了轮椅上，都承受着无比的疼痛，都在治疗中，都需要每周五天、每天四小时的康复训练。家人和朋友们一起照顾我们的饮食，拉着我和保罗往返于医生和康复训练机构之间。同时，司机按照女儿的行程，送她上学、学钢琴、参加聚会和踢足球。

我真切地感受到，我们这个社会太忙碌了，忘记了记录生活，忘记了在意的事情，忘记了去感受生命，忘记了去体会别人的感受。我谦卑地承认我过去错了。大家的真诚激励了我。

从2003年到2006年，身体上的康复花了将近三年时间。康复的过程痛并快乐着。我们需要忍受偶尔在女儿生命中的缺席，享用一餐普通的食物，害怕离医院太远，承受在汽车短途转送过程、在餐馆里用餐、远足、户外运动或活动中的痛苦，鼓起勇气面对额外的手术。更难过的是，我错过了和家人一起旅行的时刻。

我对生命充满了感恩，但是也有罪恶感。因为在我必须思考和承认自己的感受时，我很痛苦。我失去了美好的感觉。当然，承认“凡事都是不完美的”非常有用，我们不能沉溺于痛苦中，我们必须走出来。

拥抱现实是非常有必要的。这场事故剥夺了我们太多，但是我们依然活着。九年以后，我们还需要康复，依然需要处理药物并发症，需要面对额外的手术。我们接受了这个现实，真实拥抱了这个现实。大多数时候，如若不能感受到平凡，人生就不会照常继续。

我们出席女儿参加的活动或表演。我们外出用餐，旅行，享用各种美食。我们徒步旅行，参加户外运动。朋友们不用担心我们会像精致的瓷娃娃一样容易破碎。

我和保罗的关系充满着爱、信任和友谊。我们都不是自私的人，能感知彼此的需要、痛苦。治疗会让每个人变得非常需要别人。通过我们彼此的爱、信任和友谊，我们能够彼此谦让和接纳，我们能够后退一步和饶恕。

今年 11 月，我和保罗就要庆祝 19 年结婚纪念日了，我们没有想过拿自己的人生与其他人交换。自从遇到保罗开始，他就让我开心。即使在巨大的疼痛中，他还是能逗我笑。他每天都在给我带来笑料。我爱他。

我们还是自己，我们现在用不同方式看待事物，但很多事依然不变。我们习惯了现在的生活，我们不能改变过去。

我仍然期望用过去的方式做事。我期望能够全力以赴地工作。我仍然期望有家庭假期，尽管年轻的孩子们希望和他们的朋友在一起。我仍然为我的丈夫而精心打扮，尽管浑身是伤痕，我期望在他心中我是漂亮的。我仍然在很多时候一整天心情都不好，我仍然期望事情能够一如既往地好，无论我付出多少努力。

幸运的是，我生命中 80% 的时间都在做自己想做的事情。当面对剩下的 20% 时，我献出我的一切。常常会有一些必须要去做的事情不以个人的意志为转移。无论做什么事情，我都 100% 地投入。我已经接受了我的疤痕，一直和疼痛做斗争。

我们不知道在什么时候一个人会遭遇非常糟糕的岁月，不知道在什么时候他 / 她会为了让别人感觉更舒服而将笑容挂在脸上。在遭遇痛苦的时候，人们真的非常坚强。这通常会给别人带来喜乐。

我非常感谢我的丈夫保罗。我更加认识到他有多爱我，更加感受到自己有多么幸福。我停下来享受那些以前被我忽略的事情。现在我更能够包容别人，并且接受别人的质疑。我愿意有更多的交流互动，也更加宽容，更加开放地接受意见。我有了更加坚定的信仰。当别人告诉我一些事情的时候，我努力去理解他们。我更加能体恤处在痛苦中的人。我不再想要那么多的责任，那么多的物质享受。我喜欢净化和释放生命的内容。

保罗·巴巴里安，Orbotix 创始人
勒妮·巴巴里安

失败——脆弱的关系

布拉德的上一段婚姻以离婚结束。他娶了自己的高中女友，那段婚姻维持了三年。那一段婚姻的吵吵闹闹，不是因为情绪化，而是因为他们太年轻，真的不会处理关系中的变化和优先次序。

那时候，他正在创办第一家公司，布拉德每周工作 100 个小时，同时还在麻省理工学院攻读他的博士学位。他还经常旅行。当他回家的时候，满脑子还是工作。他的上一任妻子每周工作 40 小时，这种创业者和自己伴侣的不同非常明显。当他前妻每天都在感觉被忽略的时候，布拉德并没有意识到。某种程度上来说，他们的婚姻已经失败了。

基思·史密斯（Keith Smith）是 BigDoor 公司（一家在西雅图新成立的公司）的创始人兼总裁。基思是一个离婚的单亲爸爸，最近和恋爱了几年的女朋友也分手了。下面是他的故事，关于他如何才能成为一个真正的伴侣的挣扎。

当我七岁的时候，我就爱上了创业。每周四晚上，我的父母会和人玩鲁克（Rook）纸牌游戏。我通常站在桌子旁边，安静地看着和观察着。家人都以为我喜欢玩游戏，但我只是在那里听故事。我家非常亲密的朋友开了一家新公司，随着夜深，他们总会开始非常详细地讲述创业公司的那些故事。你不会想到一个七岁的孩子会对商业感兴趣，但是对于我来说，他们的故事令我兴致勃勃、兴趣盎然。在那张桌子旁边，成为一个企业家的梦想成了我的“初恋”和恒久的激情。

时间快进30年，那时我刚刚深深地“爱”上了我的第四家创业公司，同时也刚刚结束一段失败的婚姻关系。这家公司就是现在已经成立三年的BigDoor公司。我们开发了一个创造用户忠诚的网络平台。我最近的一段恋爱关系持续了五年，分手的原因是我们从来没有弄明白如何在现实世界中给对方忠诚。非常讽刺但并不那么出人意料的是，对于创业者来说，生活中没有什么事情能够和自己投入工作的热情相提并论。

和任何失败一样，过早的、意外的婚姻关系失败，促使我进入构建、衡量和学习的迭代循环。就像任何一个有自尊的创业者一样，我做了一个深入分析，企图对自己有更清楚的认知，保证进入下一段关系的时候能够有所改善。搬箱子、打包的痕迹依然留在屋子里，分手对我来说是那么的真切。我非常确信我需要花些时间来处理，但没有必要找执业心理医生来为我指出一些显而易见的事情。

创业者通常用爱和热情来形容工作，用有效的学习和迭代循环来形容亲密关系，这样和一个真实的人建立一段关系将会很困难。全力以赴的创业者在亲密关系中最大的挑战是常常有一套扭曲的优先权。我期望亲密关系能够像我需要的其他任何事情一样运行。换言之，比我为BigDoor工作的重要性低一些。这并不只是各类紧急工作驱动的潜意识里的优先顺序。这是一个意识层面的选择，我们一起讨论和认定的选择。你认为有多少女人会对这种基调的沟通感到兴奋？

事实上，创业者必须不断接受挑战，不断磨炼可以在残酷的市场竞争中存活下来并且获得最终成功的技能。这些技能不能帮助人建设一段永久、幸福、稳定的伙伴关系，而是让人不断拥抱风险、快速试错、更快推进、快速解决问题、不等问题出现就处理、多任务推进、让周围的一切都符合你的愿景。这些技能会更好地帮助你创业。但是我发现大部分创业者的女朋友不喜欢像冲刺一样每周见一次，不喜欢统计每次约会是否有创新。

上周的最后一天早晨，我感到非常欣喜：我们刚刚签了一个新的大客户。就在那一天的稍晚些时候，我们丢了另外一个客户。因为产品代码中出现了一个 bug，导致服务器死机了。我半夜才离开办公室，感觉像是坐在一辆破公共汽车上一样。这是非同寻常的一天。创业者的生活常常就像一个情绪过山车。我努力去培养一些技巧帮助我处理这些起起落落的事情，就像对外界展开厚厚的防御层。全拜这些技巧所赐，我的公司才能幸存下来，然而我发现很难卸下这种防御。这就会导致我的伴侣常常丈二和尚摸不着头脑。她不知道我为什么喜欢剖析别人的意图、了解别人的状态、掌控一切和让所有事情都围绕我展开，也不知道我为什么对外界的事情常常无动于衷。

所以，我那段婚姻失败的根源是在优先顺序上搞砸了，是因为我培养了一系列完全错误的技巧，是因为我最终变成了对情感没有感受的人。人必须要有情感的支点，因此，我努力在这个领域改善自己。但事实却是，我喜欢持续地花更多的时间和精力建设和迭代自己的创业公司。有可能我只是需要找到一个能够接受我最少陪伴的伴侣吧。

基思·史密斯，BigDoor 创始人

结婚之前

毕业没多久，布拉德就和他的妻子结婚了。就像很多年轻的夫妻一样，他们都没有什么钱，都期望着“从今天开始，无论顺境还是逆境，无论贫穷还是富有，无论健康还是疾病，都珍爱对方，直到生命的末了”。

当你们刚开始确定恋爱关系时，大家都可能没有什么值得争吵的财产。就像我们的很多朋友一样，创业者夫妻最后都没有扛过创业生活带来的压力，但因为更多的财产卷入，演变成了新的冲突。

婚前协议没那么简单。关于婚前协议的第一次沟通非常重要，它决定着你们恋爱关系的成败，它也表明在确立正式婚姻关系之前，你们之间是缺乏信任的。

更为重要的是，考虑到钱是婚前协议的重点，你对钱的态度是重要的议题，金钱将在你们的关系中扮演什么角色，这些问题都会混杂在一开始的讨论中。

这是一件非常难以平衡的事情。一对年轻的夫妻非常乐观而又温暖地准备进入正式的婚姻中，同时需要弄清楚谁有什么财产，一旦婚姻失败怎么处理这些财产。各自的权利和如何控制婚姻失败的风险是通常要讨论的重要议题，这让两人的关系变得很微妙，创业者很容易变得像一个讨价还价的人，尽管他们当时并没有意识到问题的严重性。

我们没有婚前协议。布拉德非常爽快地说，如果我们的婚姻失败，一切财产归我，他净身出户。当然这不公平。但事实是，这一次关于财产处理的认真沟通，可以减少因为这件事情所产生的摩擦。我们决定完全信任对方，并且愿意承担这其中的风险，如果出了什么意外，那么我们将会搞清楚个中缘由。

离　婚

有时候，婚姻会进入一个无力回天的谷底。尽管这让人不好过，但它就是人生的一部分。创业者的婚姻更加复杂，尤其是当他们结婚的时候一无所有、但是在婚姻期间创造了可观财产的情形下。在有孩子的情况下的失败婚姻，带来的是孩子的监护和抚养问题。创业者不稳定的收入更加加剧了事情的复杂性。

如果你们是合法的夫妻，解除婚约依然是一件事关法律的事情。当婚姻关系破裂的时候，人们经常会回避这件事，把全部精力投入到公司中去。布拉德发现，这只会让事情变得更糟糕。如果你逃避，只是简单地搁置必然要发生的事情，算总账的日子总是会来的。这一点儿都不浪漫，和你回避处理生意上的挑战一样，长时间不采取行动通常会让最后的结果变得更加痛苦。

詹妮·劳顿（Jenny Lawton）是我们的一个好朋友，勇敢地分享了她在一段旷日持久的失败婚姻中的挣扎。她不是简单地处理自己的婚姻失败，而是通过这件事情，应对离婚对事业的冲击以及更深的自我认知。

创业中的浮浮沉沉、起起落落教会了我相信自己，学会了如何适应，相信车到山前必有路。在我这些年创业的领域中——高科技、书店和咖啡店——我从来没有罔顾自己对身边人的影响。员工们未来的收入都掌握在我的手中。因此，我意识到，在遇到困难的时候，直面困难才是唯一出路。

生活中的很多事情教会了我保持弹性和韧性。有很长一段时间，我面临的是黑色的天空，前景堪忧，没有什么更好的选择。通过坚持到底、不断推进、站在局外想问题和决不放弃，我发现黑色的日子并不会持续太久，接下来的结果不是绝望和糟糕，而常常变得不一样和有意思。有很多观念和看法都是我一直相信的，并且我还将继续相信。我最喜欢的观念就是让一切都在自己的掌握中。当事情开始变得混乱、失去控制或者不是我期望的结果时，我发现，花些时间来厘清自己，看看自己的能力范围，让自己保持在极限以内，可以让我直面现实。这个时候，集中思考什么是可以做的、什么是应该做的、什么是将要做的。

我是牛顿学说的忠实信徒。每个作用力一定有一个同等的反作用力，我相信这个学说，并努力去实践它。不论在事情非常好、充满活力的时候，还是当事情并不是那么理想的时候，我都会想到它。因此，当我离婚的时候，没有任何储蓄，贷款额度也用完了，书店和咖啡店也盘不出去，我会每天提醒自己我依然健康，我依然活着，我依然做着自己喜爱的事情。最难过、最黑暗的日子，是我的书店在网络折扣书店和大书店竞争的冲击下节节败退的时候。但我选择从这个环境中学习经验。在应付账款临近到期、公司正常运转需要的收入却几乎为零时，我学会了如何与供应商沟通。书在购买之后是可以退换的，所以我学会了库存管理。顾客是我生意的关键，他们的忠诚度是重中之重，所以我学会了如何确保他们愉悦的购书体验。

对于我的婚姻为什么破裂的看法——在最终离婚之前，已经有很多次的分手了——这是我创业中一次重要的经验。创业者是意志坚强的人。我们热情洋溢地投入到自己创办的公司中，让公司发展壮大。这种热情、精力和热爱会引起别人的误解，和工作以外的生活相冲突。我第一次创业的时候，公司发展得非常快，我需要投入越来越多的时间。我需要社交，在商业世界中建立密切关系，从别的创业者身上学习和成长，和客户交往，在分支机构之间来回走动，和当下的商业保持同步。

我丈夫后来辞职留在家里带孩子，因为他的薪水太低，让某个人在家里全职照顾孩子是相对轻松的选择。只是我没有计算不满、愤怒和嫉妒的成本——他不能接受我把时间、爱心和贡献都投入到了公司里，只有这样才能让我们整个家庭受益。我需要支付很多费用，比如多台电脑、大大的房子、清洁工、除草工人、在全食超市购买的杂货、汽车和孩子上私立学校的费用。这可以让我们感到温暖、安全和满足；可以让我的孩子们有机会看到每个人都可以拥有梦想，每个人都可以实现梦想，每个人都可以追随自己的热情，拥有与众不同的人生。不幸的是，我的丈夫花了太多的精力和我作对。运营一家高科技创业公司已经非常紧张了，他的愤怒、不满、怀疑和挫败感更让我不堪重负。

我想，正处在一段伴侣关系里的创业者，第一条原则就是决不允许生意仅仅是工作。它可以滋养创业者的心灵，并且指引创业者，让他们的生命变得更丰满。我从没有错过孩子们的重要时刻。我带他们度过有趣的假期，花很长的时间和他们一起度假。我不是每天早上都在，也不是经常在家吃饭，但是他们都被很好地照顾和呵护着。他们可以在任何时候给我打电话。他们喜欢到我的公司参观，和大家保持紧密的关系，就像公司的一部分。当公司变成了“外人”时，一切就完了。

我曾吸取的一个非常有趣的教训是，生意真的就像一个孩子。一旦你“生”了它，它不会关闭或者自动走开。一旦你创办了一家公司，它就是有生命的。它有潮起潮落，它会快速增长，它会耍耍小性子，就像开弓没有回头箭一样。得出这个结论，是在我生了第一个孩子的几周之后。我和孩子一起在家里，我不能一个人离开而不管他，甚至不能随意出去散步，不能开车。见鬼，我甚至不能躺下，不能打个小盹。这是我的孩子，这个孩子在每一件事上都得依赖我。这让我茅塞顿开。

我下决心去收购书店是一个大动作，真的是一个大动作。我曾经在高科技领域创业，并成功地被上市公司收购，赶上了公司上市浪潮，经历了牛市和熊市。我曾经作为创业者入驻 Mobius 风险投资机构。我非常热爱自己的生活。我极度聪敏、创造力非凡、有趣，人们都喜欢和我打交道。在我面前有很多很酷的机会，可以去开创下一个事业。假如事情就这样简单地发展下去的话……我已经结婚了，有两个小宝贝，还有一个全职在家照顾孩子的丈夫。我们从曼彻斯特搬到了康涅狄格州的格林尼治，这样距离收购我们公司的 Interliant 总部更近一些。

当我从 Interliant 离开的时候，我找到我的丈夫，告诉他现在我们要搬到博尔德，和布拉德一起工作，去寻找下一件正确的事情。他说：“你可以去，但是我和孩子们留在这里。”经历了一段咬牙切齿、跺着脚的争论，他的态度依然非常坚决——这个家不会再搬了。难道不是我辛辛苦苦地赚钱养家，大家才可以舒舒服服地生活在格林尼治吗？难道不是我靠着自己的能力和人脉关系，努力工作才支撑起这个家吗？难道我们留在格林尼治，切断了我的人脉关系、导师和对外联系，不会影响我们大家吗？难道我不需要重新再来、重新创造自己的人生吗？或许，我丈夫不应该待在家里，而应该出去工作。

直到现在——我才意识到，创业是一条非常崎岖的道路，充满了九曲十八弯、充满了缺口、充满了沟壑。我现在还在努力前行中，努力走出困境。总之，迄今为止我都没有搬到博尔德，因为孩子对我太重要了。丈夫拒绝重新开始工作，因为他在家里的地位是过去那段漫长而艰难的时光的回报，也是我所付出的代价。因此，为了保持平静和理智，我收购了一家书店。我非常清楚地记得，我向布拉德征求这是否是一个明智的举动，他说：“你可以把它关了，就像一切没发生过一样，重返科技圈。”

布拉德是绝对正确的。因为10年后，我最终还是这样做了。但这可能是我做的最艰难的决定之一：关闭经营了10年的、充满活力、激情和精彩的零售书店，重新进入职场。即便书店让我一直赔钱，让我空欢喜，让我经历了痛苦的失败；但整个镇上的人都喜欢它，它解决了少数人的就业，教会了无数孩子热爱阅读，给我的生命带来了很多乐趣，关掉它，是一个艰难的决定。

詹妮·劳顿，MakerBot创始人

第十章 关于金钱

在任何一段关系中，金钱都是引起矛盾和冲突的最主要因素，在创业者伴侣关系中更是难处理。我们的家庭背景不一样，结婚时拥有的金钱不一样，每个家庭的经济状况不一样，每个家庭对金钱的价值观不一样。这些都会随时间而改变。在创业公司，任何时候都可能有很多钱，也可能很缺钱，这个变化会非常迅速和戏剧化。我们对个人财务状况和创业时潜在的财务危机有不一样的风险容忍度。

形成共同的观念

当我们刚开始在一起生活的时候，菲尔德科技（布拉德的第一家公司）是一家健康的、快速增长的公司。我们都在菲尔德科技工作，那个时候我们结婚了。布拉德的年薪（包含工资和股权分红）是 30 万美元，我的年薪是 3 万美元。

住在一起之前，我们每个人都有自己的观念。我住在一个小型公寓里，每个月定期给妈妈钱，尽可能多地存钱。布拉德有一个保姆，经常去高档餐厅用餐。他从来不会花超过他所赚的钱，他总是存很多钱。

我们住在一起后，我建议为公寓的清洁做周计划。我们按周轮流负责，设定一个备忘录，以追究双方的责任。轮到布拉德负责的时候，他想出一个好主意，让琳达（他的保姆）负责他的那一周。当我也需要琳达帮着打理我负责的那一周时，布拉德完全赞同。

我提议我们的花费采用 AA 制。布拉德反驳道，每个人承担的比例根据各自的收入来确定，布拉德占 90%，我占 10%。我可以在自己心情好的时候付账。随着时间的流逝，我们也用这种方式处理我们之间的金钱关系。

对我们来说，建立共识是不容易的。能够为在一起的生活做出经济贡献，我们都非常自豪。自从我们结婚以来，一直用同样的方式来维持这种准则。当我们需要围绕金钱做出共同决定时，仍然会很挣扎。这常常也是我们关系紧张的原因。

钱是用来干什么的

在年轻的时候，我们就“钱是用来干什么的”做了很多次哲学意义上的沟通。我们都 25 岁左右，都知道自己在乎什么。由于我的父母非常慷慨地把几乎所有钱都投资在了我和妹妹的教育上，我的家庭并不充裕。布拉德的家境好很多，他的医生爸爸和艺术家妈妈收入很高。童年的经历带给我们不同的思考方式。随着布拉德在商业上的成功，我们开始赚越来越多的钱，童年的思考方式就不适用了。我们需要弄清楚钱是用来干什么的。

钱是用来干什么的问题，是建立我们对金钱价值体系的根基。金钱可以为你带来很多东西，既有有形的，例如汽车、房子、旅行和鞋子；也有无形的，例如安全感、自由、自主和更多的选择。最核心的是，金钱可以帮助你的生活更加丰富多彩。

你和别人建立的关系，其实是两种不同的金钱背景的人的联合。但是，不同的金钱背景，并不一定意味着不同的价值体系。相反，应该努力去定义一些共同的价值体系。以我们自己举例，我们有一个共同的爱好，就是收集当代艺术品。

我们都喜欢艺术，但在刚开始购买的时候都会很紧张。在一个美丽的周六，我们在波士顿的画廊参观，偶然发现了一些喜欢的艺术品。一位名叫格里 · 伯格斯坦（Gerry Bergstein）的艺术家的作品迅速吸引了我们。但是这幅画需要 5 000 美元，迄今为止，我们从来没有买过这么高价格的艺术品。我们纠结地围着那里走来走去，最后决定不买了。我们整个午饭时间都在讨论，一幅5 000美元的艺术品是否符合我们的价值体系？我们能够付得起这笔钱，这次度假也花了5 000美元，但是我们不能开这个先例。最后沟通的结果是，我们要按照自己的消费水平来收集艺术品。而且，同样的钱，优先用在我们能够共同经历的事情上。

许多年之后，我们可以按照自己的喜好大量收集艺术品。5 000美元的购买依然对我们意义重大，因此我们每年只会买很少的几次。又一个星期六，我们在曼彻斯特大学当代艺术学院看到了格里·伯格斯坦的画展。我们迅速想起了很多年前曾经错失了他的作品。此刻，我们意识到，曾经就金钱该花在什么地方建立一个共识是多么有先见之明。我们决定去寻找格里（我们曾经去找过他），买一些他的作品。今天，我们把格里的画作当成我们婚姻生活中最重要的艺术，每一幅作品都将我们带回那些美好的时刻，并强化了我们关乎金钱应该花在什么地方的价值观。

创业初期，钱总是不够用的

在刚开始创业的时候，总感觉钱不够用。无论是没有积蓄的年轻人，还是可以按月从积蓄里面支取的年龄大一些的创业者，当每个月没有工资、还要承担公司或已经存在的花销，都会感到很大的压力，感觉钱不够用。

就像前文提到的一样，沟通是一个非常有效的工具。作为夫妻，要开诚布公地沟通你面临的情况和感受到的压力。一定要确认你应该承担什么责任，你们究竟有多少钱，每个月的资金消耗是多少，你的资金最多可以维持多久。在这些事情上模糊不清，一个人是这么想的，而另一个人有不同的看法，这是最糟糕的情形。

如果从一个开放的角度出发，“觉得自己不够富有”的压力就不会落在伴侣的肩膀上。当你们中间的一个人需要负责处理每天的生活开销时，你们其实都有责任去考虑手头有多少钱，决定哪些钱该花、哪些钱不该花。在金钱这件事情上建立一个好习惯。成千上万本理财方面的书，都在表达两个基本的道理：①建立预算，并不超出预算；②明确你的个人盈亏平衡点。

趁早就你们将如何使用金钱达成一致意见。你们有各自的账户和预算，还是把所有钱都放在一个池子里？我们觉得，最好一开始至少有一个共同账户，用于家庭花销和储蓄。无论是按照同样的收入比例还是相同的金额，总之按照达成的共识，一起对家庭做出贡献。同时，每个人可以有一个自己控制的独立账户，用作个人自由花费。你可以用自己的账户为伴侣购买礼物，制造惊喜！做财务预算需要花费一些时间，但是这非常值得。一起沟通你们在住房、饮食、看电影、买鞋子等这些事情上想要花费多少，可以承担得起多少花费。我们发现，牵涉到共同的任何事情，在刚开始结婚的时候，都不容易搞清楚。可是一旦你们抓住了要点，能够一起讨论，你会发现压力戏剧性地消失了，也就意味着你们真的进入了一段共同的关系中。

最重要的是，尝试着去让自己感受当下的富足，尽管你们现在经济上并不安全，你们还在追求创建自己企业的梦想。处在创业者伴侣关系中的你，既可以全力以赴追求这个创业梦想，也可以用自己的方式参与其中。即使你没有过多的自由支配的钱，但只要可以喝到干净的水，享有稳定的电力供应，拥有健康的身体，就比这个世界上的许多人富有了。在创业初期，每天都在承受经济压力的时候，不要丢掉这个重要的洞见。

从充裕到舒适

你的创业公司开始小有成就，你给自己发了一份体面的薪水。现金流刚好有一些盈余，不再需要像刚开始创业那样节衣缩食了。

我们的文化，处在全力以赴工作的清教徒主义和纵情享乐主义两种价值观的断裂带。身在一段伴侣关系中的创业者几乎把所有时间都用在了工作上。在初创企业的压力和生活的琐碎之间，除了工作、工作、工作之外，没有任何时间和金钱用在别的事情上。

在创业初期，没有太多的资金。公司发展到一定阶段，突然就会有了很多钱。要适应这种转变，是比较困难的。和清教徒式的全力以赴的工作模式相比，每一对伴侣一起（或者各自）努力更健康。就像大家习惯说的那样，全力工作，不懂得娱乐，会让人变傻。同样，在 2008 年的次贷危机中我们发现，很多人都超支购买了一些不需要的东西，这绝对是一个非常糟糕的主意。

不要感到吃惊，我们在这里再次强调，沟通是非常重要的技巧。很多的研究表明，当人有了一定的物质基础后，给我们带来幸福感的不是物质本身，而是来自于内心的体验。当你们刚刚进入比较富裕的状态时，确认一下彼此心里是否在同一个位置。你可能会惊讶地发现，对方在意的不是一辆新车、一周的旅行，而仅仅是彼此在一起就好。

第一个飞跃

神奇的日子来了：接手你公司的下家已经敲定了。在经历了前几年的各种压力之后，在过去六个月你经历的最大压力就是——如何将公司卖出最高价格。你精疲力竭。你查询你的银行账户，里面有超出你预期的数额。曾经梦想过的那些，如今都变成现实了。

我们建议你做两件事情。第一，90 天之内不要做和钱有关的重大决定。很多人都会跳出来帮助你，理财专家、朋友、家人，还有一些财务自由的成功企业家。会有各种各样的建议纷至沓来，在决定把钱存在什么地方、如何投资、雇用谁来帮你打理这些钱等这些事情上，你会非常有压力。

不要向这些压力屈服。有些人是怀着良好动机的，真的想要帮助你；有很多人是为了他们自己的业务。理财专家只是为了要让你成为他的客户，家人把你当成他们的资产，只是为了帮助他们应付自己的财务压力。不要马上做决定，而是好好地放松一下，冷静地收集一些数据，看看真正的风景到底在哪里，尘埃落定之前不要做任何决定。

我们的朋友蒂姆 · 恩瓦尔（Tim Enwall）和希拉里 · 霍尔（Hillary Hall）赞同“在做重大决定之前，先刻意停下来”的说法。从 1997 年开始，蒂姆和希拉里作为创业夫妻已经 15 年了。他们的第一家创业公司 Solista，一开始只有蒂姆一个人，后来发展到 50 多人，经过两年半的发展，最后于 2000 年成功地出售给 Gartner。2004 年，他们开创了第二家公司 Tendril，现在发展非常迅速。在这期间，他们剥离了一家创业公司 Intellocity，并投资了 10 家初创公司。

幸运的是，按照我们的信念创办的公司，最后为我们赢得了很多的财富——虽尚不足以让我们就此退休，过我们想过的生活。我们不会因此停止工作，因为我俩都是勤奋工作的人。金钱不是我们追求的目标，我们的目标是为社会创造独特的价值。这样做了后，那些满意度非常高的客户就会乐意为这个价值付费。在过去十多年里，我们认识的大多数成功企业家都不把金钱当作追求目标。金钱只是一个衡量价值的数字。当真的拿到那张巨额支票时，我们有想要买很多东西的冲动。当我们缓过神后，我们做了有生以来最明智的决定：除了极少的几千美元外，我们用了六个月来思考怎么花这笔钱。这给了我们时间和空间来确认究竟什么是最重要的，我们究竟想在哪个领域有所建树。

蒂姆·恩瓦尔，Mobiplug 创始人
希拉里·霍尔，博尔德法庭记录员

我们不是建议你只是把钱存在账上。我们是让你聚焦在两件事情上：①资本保值；②别乱承诺。先把钱存在一个简单、回报低的机构，或者把它们分成很多份存在不同的高收益机构，稍微花些时间让自己冷静下来。不要担心这 90 天你只获得了 1% 的回报，这总比让自己陷入一系列不喜欢的人际关系中要好，也总比投资了一堆完全不了解的机构强。

我们的另外一个建议是：把你收入的 10% 留出来，交完税之后，你就可以“挥霍”这笔钱了。假设你出售了公司后，税后还有 100 万美元，你可以买一辆新车。如果税后还有 1 000 万美元，你可以买一套新房。如果税后还有 5 000 万美元，你可以买一所大豪宅。如果你喜欢艺术，你可以买高于之前价格 10 倍的艺术品。你可以在自己最喜欢的四季酒店得最好套房待上一周。你们可以一起坐飞往巴黎的头等舱，住你梦寐以求的酒店，每天去喜欢的餐厅。

“挥霍”不一定是指有形的东西，当然也可以是一件事情。你非常努力工作就是为了这一天，记住，共同的经历对你们来说非常特别。它们可能是看不见的，但是美好的回忆会陪伴你们一生。在前 90 天里做这些事情吧，别迟疑！这是你们从拮据的创业夫妻开始变成富有的创业夫妻的非常重要的时刻。

衣食无忧

在经过了第一个飞跃后，可以开始聊聊“究竟什么是富足”。我们把富足分为两类：衣食无忧和财务自由。

“衣食无忧”的状态指的是相较于固定资产而言，你拥有可以随意支配的现金流。在人生的不同节点，你究竟需要多少可以随意支配的现金流，是根据不同的因素来界定的。但最终的客观标准是，在一段时间里你究竟需要多少钱，才能无负担地生活。

在出售了菲尔德科技公司后，我们努力想要结束工作状态，去到我的故乡，阿拉斯加的荷马。我们意识到，以出售公司获得的收入，即使没有一份新的收入，也可以在荷马很轻松地生活 25 年。我们那时刚刚接近 30 岁，所以感觉 25 年是一段漫长的岁月。

这个认知帮助我们界定清楚需要多少钱做到“衣食无忧”。同时我们也意识到，我们都不会就此作罢，无欲无求地过世外桃源的生活。但是知道需要多少钱以后，更加清楚的是，我们将继续向前，继续冒险。

一旦决定要继续，我们接着就开始讨论，让我们真正财务自由的金额究竟是多少。结果是肯定比让衣食无忧需要的钱多。

在布拉德的第一次成功退出前，我们还没有决定沟通这个话题。但是当我们有了一些钱时，搞清楚财务自由的金额就变得很有价值了。很久以前我们就赚到了实现财务自由的钱。这让我们完全解放了，但这个金额不会随着我们更加成功而增多。一旦我们达到了这个目标，就需要改变认知：用赚来的这些金钱，作为一种工具，让我们过上自己向往的人生，而不是用来衡量我们有多成功。

拥有太多，所以迷茫

一个人因为拥有太多而挣扎，这听起来似乎很荒诞。但是，这在很多非常成功的企业家身上时常发生。

在创业生涯里，布拉德经历了很多起起伏伏。同时作为创业者和投资人，他让很多事情成功运转，当然也让很多事情走向了失败。作为创业者夫妇，我们一直都在一起经历全部的过程。

失败的时候，通常伴随一段时间的悲伤，同时也伴随着深度的释放，因为这段失败经历终于结束了。但是，当一个人成功后，通常也会伴随一段时间的悲伤，甚至是萎靡不振。我们把这叫作“企业家的产后抑郁”。

作为创业者夫妇，在完成大笔交易之后，会期望很多神奇的事情发生。神奇的事情的确发生了：太阳依然每天照常升起。世界依然在运转，完全不理会你的成功。当你走在大街上的时候，所有的一切没有任何改变。你的银行账户里可能有很多钱，但你还是要过你的生活。

这会让很多人感到迷茫。菲尔德科技公司的出售成交在一个周五。我们在周末开了一场非常精彩的庆祝会，一直持续到晚上该睡觉的时候，之后我们在波士顿漫步。在星期六晚上，我们享受了一顿丰盛的晚餐。布拉德在星期一的早上5：00就起床了，然后去上班。等等，什么？！这是星期一，就像他平常所做的一样。在这周中，我们陷入了危机。每天14小时的工作仍在持续，压力没有任何变化，没有什么真正不一样。除了我们在菲尔德科技公司的股权变成了一大堆的钞票。

当布拉德很多年前作为天使投资的一家公司上市，并且股票变得非常值钱的时候，我们又陷入了迷茫中。我们把出售菲尔德科技公司的收入重新投资到很多新公司中。布拉德投资了很多成功的项目，帮助他人创办了很多公司。投资于天使投资项目以后，我们只保留让我们衣食无忧的钱，已经不能保证财务自由了；而我们在天使轮投资的这些公司上市所带来的意外收获，让我们再次实现了财务自由。

在等着IPO解禁期间，我们有六个月时间不能出售持有的股票。这段时间内股票飞速增值。我们的收入在增长，伴随着几个其他项目的退出，我们开始了关于如何处置这些金钱的沟通。我们在博尔德购买了一套房产。有一天晚上，在星空下，躺在热水浴桶里，布拉德提出了购买一架飞机的主意。我当时的反应是：“你在说什么？我希望你的旅行少一些，而不是更多。”购买飞机的主意很快就被否决了，但是我们对金钱的迷茫已经烙上了印，并没有真正消失。

十年后，我们醉心于修建一所巨大的、梦寐以求的豪宅，代替我们曾经住的房子。那是 2008 年的夏天，我们在荷马的家里度过 7 月。每天，布拉德起床，写他的第一本书《创业唯快不破》（*Do More Faster*）。我每天起床就开始无休无止地设计我们的新家。当我们 8 月份回到博尔德的时候，为房子的事情感到压力重重。书已经写完了，但我们对和房子相关的日常决策感到巨大的压力。我们甚至还没有真正开始实施。在一个失眠的夜晚后，我们决定停止这一切。一个月之后，全球金融危机爆发。如果我们负担这套房子的话，宏观的不确定性将会给我们带来压力，这是我们都不愿意去深入设想的。最后，我们躲过一劫。

金钱是一个工具，不要让它扭曲你对有意义的生活的认知。把它当成工具，不要为它陷入迷茫。

家人的反应

你的新财富对家人来说可能是困扰，尤其当你是你家族中第一个富有的人时。这通常是伴侣之间关系紧张的根源，特别是当其中一个家庭需要更多的经济支持时，你们需要研究如何回应家人的请求、以金钱作为工具帮助家人。

这件事没有正确答案。我们找到一个适合自己的方法：在一定比例的情况下，在手头不紧张的情况下，我们可以慷慨地资助很多家族成员。我们对借钱和送礼有清楚的约定。除了商业行为，我们几乎从不借钱给别人，因为我们不想承担这个包袱。取而代之的是，我们非常乐意给家人一张支票作为惊喜，不期望任何回报，仅仅是谢谢他们。

在过去的 15 年里，我们每年会与沃伦（Warren）和伊拉娜 · 卡茨（Ilana Katz）一起度假。在他们刚开始交往的时候我们就认识了。伊拉娜是菲尔德科技公司的第七号员工。那时候我也在菲尔德科技公司工作。在伊拉娜加入后不久，沃伦创办了他的 MaK 科技公司。我们变成了好朋友，一起经历了过去 20 年的创业和人生起伏。我们都从彼此身上学习到很多。

沃伦在五年前出售了他的公司。一夜间，伊拉娜和沃伦发现自己成了财富新贵。伊拉娜热情地分享了她是如何在这种情形下和家人达成一致的。

有一句谚语说：在钱面前，人是很可笑的。这是一条真理，尤其当其中一个家族成员的财富快速增长的时候。我说的是自己的经验。

我们财富上的成功，引发了我的家庭对金钱的巨大需求。凡你想得起的，不管什么，他们都会要：私立学校、赎回抵押资产、健康保险，甚至是化装舞会这样的新花样。我曾经帮助我的家族成员还清了一笔很大数额的国税局债务。

我从不屈服于压力，所以被称为“小气鬼”和“唯我独尊”。当我拒绝一个家族成员的经济援助请求时，这人说我已经死了。我非常受伤、非常震惊、非常疑惑。作为家中四个孩子中最小的一个，我讨厌家人总是把我当成他们的提款机。即使收入不高的时候，我通常都是靠自己生活。为什么他们不能这么做？除此之外，我和我丈夫都很慷慨，常常在外出用餐时买单，在适当的时候购买一些有意义的礼物。

唯一重要的事情是我从来不会对他们在金钱方面的请求让步。尽管每次他们伸手向我们要钱的时候，我会感觉自己好像有罪和讨厌他们，但是我对我的决定从不后悔。

有一天，我收到又一个要钱的请求，我实在不能忍受了。我给他们发了一个简短的通知，正式告诉他们——“我是女儿、是姊妹，但不是银行！”这不能完全阻止别人希望资助的要求，但是至少设定了一个清晰、必要的边界以帮我厘清自己的立场，尽管还是有些隐隐的沮丧。

可悲的是，我花了20年时间来写这条通知。在那段时间里，我一直在思考在金钱面前，人为什么这么可笑。下面这个列表并不让人筋疲力尽，但某种意义上来说，包含了我的很多经验。

嫉妒：为什么我们不能同样有钱？我应得的！我需要钱！嫉妒会让我们变得不好，但就像所有情绪一样，我们常常很难控制。

权利：努力工作让一个人有很强的财务成功的欲望。每个人在这个世界上有权拥有一切。有时候，你辛勤工作，也赚到了钱。有时候，你辛勤工作获得的是别的奖赏，例如别人的认同、潜在能力的开发。有时候，你不断地努力、不断地尝试，除了你可能看到、可能没有看到的人生教训外，没有任何回报。人生通常是不公平的。

错觉：一旦你富有了，就会永远富有，拥有很多金钱，不用为金钱担忧。但其实，钱总是来得容易、去得也快。如果你拥有很多金钱，但你不去重视如何使用和管理金钱，你将会很容易失去这些金钱。我们每天在新闻上看到很多人失去财富的故事。柯特·席林（Curt Schilling）的故事就是最近的例子。

不同的价值观：在给别人开支票的时候，你一定要有一个正当的理由。别人可能不明白，为什么他们觉得有投资价值的事情，你却认同。

财富意味着责任：当拥有的财富比别人多的时候，你需要留意别人的需要，察觉别人的需求。人们在做选择的时候，需要对其结果负责，这些选择也可能带来回报。没有谁能一直都在那里解救你出困境。

在和家族成员处理金钱关系时，我学到了如下的经验：

当你不能满足他们的金钱需要时，他们通常会指责你。不用感到意外。持守你的信念。动摇会让你感到愤怒和不安。

财富是一件非常隐私的事情。只能你和你的伴侣同步支出信息，这是非常重要的。你不需要跟任何别的人解释或分享你如何管理财富、为什么这么做。

千万不要在一次的好心被败光之后追加第二次。如果你一次又一次地花钱帮某人，事实上你就错失了很多其他的潜在机会。我不是说在某些特定情形不能用钱帮助别人，而是意气用事地开出支票帮助别人会让你自己被消磨掉。在赠予、借出和用钱帮助别人的时候，请诚实地面对自己。如果你陷入某种情绪中，记住稍微停下来，哪怕是一个小时。自己单独待一会儿，不要把自己放在别人的压力之下，明智的决策一定不是在压力下做出的。

沃伦·卡茨，Mak 科技公司创始人
伊拉娜·卡茨，小说家，波士顿地铁小提琴手

投 资

一旦你拥有了一笔财富，你会发现，你有了很多新朋友。你会遇到很多只为高身价人士服务的私人银行工作人员。你会被从来没有听过的人邀请出席发表关于宏观经济的演讲。你会出现在财富管理公司的潜在客户列表上。你会被邀请去投资不计其数、五花八门的基金。有些是朋友邀请，有的是朋友的朋友，有的是亲戚的朋友，还有商业上的朋友，将有许多人开始新的创业，期望能从你那里得到种子轮的投资。

虽然有些人会认为这些都令人兴奋，但其实这之中的大部分事情是无聊、压抑以及浪费时间的。布拉德从第一家公司退出后，我们就经历了各种不同的、需要面对的事情。那是 20 世纪 90 年代，作为刚刚富起来的夫妇，我们在沟通和相互磨合方面有很多的摩擦。我们遇到了很多解不开的死结、骗子，还有一些纯属浪费时间的人——他们只是想兜售一些漂亮的概念，对于财务回报没有任何概念。

一开始，在怎么处理金钱这个问题上，我们没有任何技巧。我听过资产配置策略，读过一些理财的书籍，和一些比我们富有的人交流过。我们很快发现，没有什么神奇的答案，甚至很多观点都是自相矛盾的。最终，我们商量出一套策略，并实践了 20 年。

安全资产。我们投资了一些从来不用关心资产增值的安全资产。对于这些钱，我们 100% 地聚焦在资产的保值和流动性上。这是我们可以立即取出来的

钱。我们买了一些美国国债和3A级债券组合，这些都是没有多大增值空间的投资，虽然其中一些标准利率的证券在2008年出乎意料地暴跌。但这些安全资产会随着我们变老而增值，目前正好是一个稳定的数额，刚好达到我们衣食无忧的金额的下限。

投资上市公司。很多年前，我们决定不再花时间在股市的股权和债券交易上。仅存的股票属于以前我们直接投资的一家最后上市了的公司，还有一些是我们参与的风险投资基金配发的。随着时间推移，我们对持有的这些股票有明确的清仓策略。对于持有的大量有价值的股票，我们会一家公司、一家公司地分析，来决定具体的策略。一旦明确了策略，我们就会坚持执行。通常我们会在一年内清仓。

投资私人公司。通过布拉德的风险投资公司、天使基金和风险投资基金，我们在过去投资了大量的私人公司。我们把这些投资当成布拉德的核心工作。我们非常清楚地意识到，这些投资就是和这些非上市公司捆绑在一起的。我们从来不把它们当成流动资产，它们不能用来买鞋子或者啤酒。

房地产。根据我们的长期持有策略，我们置办了很多房子和大量的土地。每当我们购买一个新的房产时，我们都抱着一直持有的想法。所以说，我们把置办房产当成我们生命的一部分，而不只是一项投资策略。一旦我们永久持有这些房产，便可以将其作为帮助我们获得短期现金流的优质资产。我们可以非常方便地用这些房产做担保，去优化现金流。房产是我们拥有的唯一可以帮助借款的资产。

理财经理。我们会非常小心地选择理财经理。针对不同的资产类别，我们有好几个值得信任的理财经理。一个负责安全资产，一个负责股权和退休基金，一个负责为上市公司股权投资。我们的家族办公室负责协调和管理所有的理财经理。我们还投资了很多风险投资基金、一些非上市公司的股权投资、房地产和对冲基金。我们也会直接和这些理财经理打交道。

现金流。我们按照自己的方式生活。我们热爱生活，会花很多钱，但是我们很清楚自己的底线。我们每年都会留意现金流，以期达到净现金流稳定增长的目标。为了达到这个目标，需要知道究竟有多少钱，它们都在什么地方。家族办公室负责跟踪所有的财务数据，我们每月收集检查一次净值报表。你的创业伙伴和生活伴侣也需要定期了解你真实的财务状况。

过滤系统。我们建立了一套针对所有类别投资的过滤系统。一般来说，我们会对两类私人公司感兴趣，一是我们已经熟悉和信任的，二是我们明确感兴趣的事情。除此之外，我们几乎都没有什么兴趣。

以上是一些基本方法，但在具体策略上还有很多细微的差别。我们不会自诩是你的财务顾问，只是根据 20 年的经验给了你一个清晰的案例，告诉你我们是怎么想的。我们的基本观点就是你需要有一个策略；在每个阶段（最少一年一次）都互相交流一些具体的事情；保证以每天、每周和每月为单位，确立一些基本规则。尤其在一些意料之外的事情发生后，无论是正面还是负面的事情，都要复盘你的策略。

天使投资

在 1993 年布拉德出售了菲尔德科技公司后，我们决定把这些钱作为天使投资重新投资出去。在 1994—1996 年间，布拉德创立了 Intensity 风投基金，共投资了 40 家初创企业。有些公司布拉德作为联合创始人参与，有些公司他是作为董事会成员参与，有的公司只是作为投资人。现在，一个成功的企业家作为天使投资人，通常是超级天使的情况非常常见。但是在 20 世纪 90 年代中叶，这样的案例并不普遍。我们没有可以参考的方法。

幸运的是，布拉德的风险投资事业非常成功。他有一个非常清晰的策略，例如每家公司只投资 25 000 美元或 50 000 美元。一方面，我们有很多投资打了水漂，另一方面，我们投资了两个回报超过 100 倍的项目。2007 年，投资了 30 个以上项目后，布拉德开始看到更多的天使投资人出现，超级天使也越来越多。2010 年，他把自己的投资策略整理到了博客上。以下是这些策略的概要。

保持多投。作为一个成功的天使投资人，你需要做很多投资。在布拉德作为一个活跃的天使投资人时，通常每个月都会投一个项目。这种节奏不一定适合每一个人。如果你一年投不到四个项目，我们不认为你是一个合格的天使投资人。多方出击，这会增加你投资独角兽的机会，也会有很多乐趣。

建立一个长期的投资策略。在刚开始的时候，布拉德决定在每个天使投资项目上都投同样的钱。在 1994—1996 年是 25 000 美元，在 2006—2007 年，每单投资额是 50 000 美元（尽管有时候会打破这个规则，有时候是 25 000 美元，有时候是 100 000 美元，有些甚至更多）。布拉德通常假设自己会在项目进行风险轮融资或被收购之前双倍下注。所以有时当他投资 25 000 美元时，他会配套 50 000 美元给所投资的公司。之后，布拉德会在某个特殊时候决定他要继续投入多少。在 1994 年至 1996 年之间，我们决定投入 100 万美元风险投资。这让布拉德有能力投资 20 个项目，事实上他投了更多。在 2006 年至 2007 年，他募集了更多资金，也投了更多项目。但是，他对每家公司都有时间限制和金额限制。他有一个基准线，那就是他投资的额度不能影响我们的生活品质。

理解打水漂和 100 倍投资回报的差异。布拉德有两个超过 100 倍投资回报的项目。当他运用在每家公司投资同样额度的策略时，即使所投资的 99 家公司都关了门，投资都打了水漂，只要有一家 100 倍回报的公司，他仍然可以盈亏平衡。由于有两个超过 100 倍投资回报的项目，投资的整体回报超过了三倍。

选择人而不是项目。布拉德从不后悔投资的新朋友失败了。他讨厌和他不喜欢或者认为不够优秀的人一起工作，这是一个简单的过滤系统。

快速决策。布拉德最好的一次天使投资是在一场会议后决定的。他通常在开会的时候就会确认。有时候时间会长一些，通常是第二次会议或者一顿长时间的用餐。作为天使投资人，尤其是个人投资者，没有理由把创业者拖入一个漫长的尽职调查程序中。

不要折磨创业者。记住，你是一个天使投资人，而不是一个魔鬼投资人。如果真的想成为一个伟大的天使投资人，快速决策，帮创业者尽早拿到钱。让自己成为世界上善的力量。

抱团。最优秀的天使投资人都爱抱团。他们爱分享项目，他们喜欢一起工作。他们没有义务拿自己的钱投资，但是他们会这么做。他们经常在一起交流。不同的人会领投不同的项目。有时候，布拉德可能会作为天使领投 25 000 美元，然后拉着自己的朋友一起投。总而言之，他非常喜欢和大家一起玩儿，尤其是在公司增值的时候。

并不是所有成功的企业家都能实现这个跨越，或者喜欢成为一个天使投资人。下面是蒂姆·恩瓦尔和希拉里·霍尔的思考。

事实证明，我们俩是非常糟糕的投资人。我们作为天使投资人投资了10家不同的初创公司。有些有很少的回报，有的则非常糟糕。回顾过去，非常明显，没有和一些老练的、有过很多成功经验的企业家交流的我们是非常糟糕的投资人。创业者天生是乐观主义者和梦想主义者。我们凡事都看到机会，但是常常忽略规避风险。在（将自己的事业）向前推进的时候，全心投入和信念将我们带向了成功。但是当我们把同样的乐观主义应用到天使投资上，嗯……每个好像都是伟大的想法。如果这种事发生，你就是一个糟糕的投资人。

蒂姆·恩瓦尔，Mobiplug 创始人

希拉里·霍尔，博尔德法庭记录员

天使投资不适合每个人。但是如果你要做，请建立一套策略。

何时退休

你是否曾经用一个神奇的数字来定义成功？除非我有200万美元，否则我不会感到安心。紧接着你有了300万美元，你很快会想，如果没有1 000万美元，我就不算成功。很多年之后，当你有了1亿美元，你又会把成功重新定义为2亿美元。我们鼓励你打开认知局限，用一个神奇的数字来定义成功。很多最初有这种想法的人都发现这个而数字是不断在变化的，所以，从每一个当下出发来确定这个数字。

这个好办法是，当你退休的时候，你想有多少钱。这可以帮助你找到那个神奇数字。你可能还很年轻，感觉退休还是很遥远的事情，或是你永远不会去计划的事情。但是，从现在开始为未来进行准备是非常明智的行为。而且，知道退休后需要多少钱也很重要。

在布拉德出售他的第一家公司后，我们意识到，我们已经有充足的钱可以移居到阿拉斯加的荷马，那是我长大的地方。靠着我们的储蓄和每年的工作收入，我们可以在这里度过余生。布拉德喜欢自己可以仅仅作为一个技术顾问和专家来帮助创业公司，我可以在社区大学任教。经过一段时间的深思熟虑之后，我们意识到自己刚 28 岁，都还没有到准备退休的年龄。但那时，我们知道了自己退休的时候想要拥有多少钱，了解了这究竟意味着什么。我们没有选择退休，而是准备重新开始投资，进入工作的新阶段。

但是退休不单单关乎数字，而是作为创业者夫妇，你们将要如何度过接下来的时光。我们的朋友威尔（Will）和桑德拉·赫尔曼（Sandra Herman）拥有一段美好的婚姻。同时，威尔有过一段创业之旅。在他们 40 岁出头的时候，在获得了几次巨大成功之后，威尔决定退休。下面是威尔和桑德拉关于退休的故事。

在过去的 20 多年里，威尔开办了五家公司，收拾了两家失败公司的烂摊子，成功运营了一些私人公司和上市公司，一年中需要花费半年时间离开家去处理这些事情。威尔在 10 年前出售了他的最后一家公司。那时候，他计划短暂休息一下，然后开始一些新的事业。在孩子的认知中，威尔是一个一次又一次地出现并改变局面的家伙。然后威尔决定退休，多花些时间与自己的家人在一起。

当然，威尔出席了孩子们的所有舞蹈表演，极少缺席任何游戏环节，尽可能地出席学校的活动。但是现在，他可以全心投入了。教练、志愿者、司机，一起做家庭作业，甚至在家帮忙做一些琐碎的家务。他离开家时也只是去做一些咨询工作。

这吓坏了全职在家的我，我已经辞职在家照顾两个孩子，算是搞定了家里的一切。孩子们拥有安全、良好的教育和被照顾的环境。当威尔在外奔波的时候，一切都井井有条。我就是黏合剂，是每个人之间的桥梁，是家里的主心骨。我有自己的空间，有自己的规划，也拥有自己的日程和规则。威尔决定退休的时候，可能会……事实上，破坏了这一切。

一天是CEO就永远是CEO了吗？无论是作为企业家，还是作为丈夫和父亲，威尔都不是那种随大流的家伙。他没有马上融入这个现有的环境，他必须插手、改变和批评。用餐礼貌、睡觉时间和汽车后备厢，一切都需要按照威尔的方式改变。他不在的时候，一切都非常好。有了他就会变得更好吗？见鬼！我知道这一天来了。就像荷兰小男孩一样，我努力堵住威尔在河堤上造成的洞。我警告、劝说和举白旗投降，但是威尔继续践踏着我的领地。

最终，威尔觉得退休这件事情可能不适合他。与其把自己的宝贵时间（在他的认知中）用于在家里学习一些新东西，不如参与创业、风险投资或者非营利机构。他可以是顾问，可以是董事会成员，可以是投资者，可以帮助兼并或收购项目。为了在家时不发生冲突，他决定离开家去工作。就像每个人知道的那样，工作需要安静、电话和私密。家里有两个十几岁的小鬼，怎么可能安静。回归工作会有压力？可以肯定的是，起初一定有。

但情况渐渐地好转，一方面通过我对每个人巧妙的引导，所有家人都习惯了威尔随时在周围。另一方面，威尔也逐渐开始投入项目了，这些项目和之前的不同。作为创业者，必须接受和适应所有的变化。因为充分了解这一点，威尔全身心投入到新的事业当中。很快，原本已经退休的威尔又变成了这个世界上最忙碌的家伙。没多久后，他不再认为自己已经退休了，尽管他也不能清晰地定义自己在干什么。

真的有退休的企业家吗？很难想象。传统意义上对退休的定义包含每天在公园里闲逛，一周六天玩18洞高尔夫，当然还有更多——当然，除此之外还有学习园艺、编一种新形状的插花、走出户外加入美国职业高尔夫球协会组织的比赛。尽管选择不退休的确可以实实在在地满足很多人的需求和期望，但生活中很难两全其美。想要弄明白自己究竟要什么，需要经历一些磨砺、试错和探索。

这段不退休旅程给了我们很多教训。

这不容易。如果轻率地处理，你会发现自己处在水深火热中。除非你们其中一个或者两个都是圣人，否则将会压力重重。

如果你能做到，尽量从你家中的办公室走出来。每天能切实地从工作中抽离几个小时，会让大家都开心一些。

想明白你在不退休的时候干什么。一定要在你真的趟进深水区之前想清楚。

培养自己的爱好、运动和消遣方式。如果你不会娱乐消遣，没有喜欢的智力游戏或者运动项目，对于企业家来说，日子就会变得很漫长。

找到退休和工作之间的平衡点。威尔发现他可以在很多比较大的公司工作，并调节对每家公司业务的参与度。这样一方面满足了他每天有事干的需求，同时不至于太过受束缚。

沟通。我通常比威尔更容易察觉将会发生什么，常常会主导一个讨论，通常是直接给出解决方案。

如果你能弄明白退休这件事情的意义，退休将会有巨大的收获，是一段改变人生的经历。创造一段全新的、更美好的生活，同时开启一段新事业，能带来巨大的满足感。

我们后悔吗？不，我们是心甘情愿的。我们变得更亲密了，有机会分享绝大多数人未曾有的生活。威尔可以掌控自己的日程，从一周工作 40 小时到 0 小时都没问题。日程表保持平衡的同时，收获很多。一方面，这满足了威尔知识分子和企业家身份的需求；另一方面，这给我们留了充足的时间和精力，可以花在自己的个人兴趣上，可以花在彼此身上。这不是一条容易的路，但终点是非常美好的。

威尔·赫尔曼，退休企业家
桑德拉·赫尔曼，家庭主妇

慈善事业

当我还在上大学时，就决定要把一部分钱用于慈善事业。当我赚钱很少的时候，仍然会每年捐赠 25 美元给计划生育协会、国家公共广播电台、大自然保护协会。慈善机构和慈善事业对我来说非常重要。

我和布拉德在一起一年后，慎重地思考了我们的慈善事业。布拉德公司的成功给我们带来了更多的收入。尽管我们还没有很多储蓄，但决定把前一年收入的 1/10 捐献出去。

我们把这个方法引入预算中。对于每年的捐献，我们制定了一套系统的方法，通常会超过 1/10 的比例。尽管我们还没有加入到“裸捐”行列，但我们正在这条路上，因此也获得很多的满足感。我们不想辞世之后再慷慨解囊。

我们认识的很多企业家都不愿意把自己的钱给予出去，尤其在他们创业的早期。但是，我们都可以用合适的方式来做慈善，例如奉献时间、才华和财富，包括初创公司的股权。下面是蒂姆 · 恩瓦尔通过科罗拉多企业家基金会做慈善的故事。

很多创业者不是很擅长做慈善，因为大家通常认为资本是用来营利的。希拉里和我知道，慈善对我们非常重要，因为它可以让我们通过支持社区从而获得他们的支持。在创办第二家公司时，我们更深入了一步，通过这家初创公司赞助科罗拉多企业家基金会来支持社区。（科罗拉多企业家基金会是美国企业家基金会的分支机构。）

科罗拉多企业家基金会拿 1% 的资金来投资企业，通过股票变现获得利润，然后再把这笔钱投入到社区中。这是一个有利于社区的基金，且没有任何具体的营利目标。企业家基金会是一种让初创企业做慈善的非常棒的方式。因为一旦公司发展壮大，这个非营利机构也会快速增长。这不是以个人的方式做慈善，而是整家公司都参与进去了。

和公司有关的每个人都共享着一种自豪，无论是一开始的投资，还是最后对社区的贡献。初创公司的名字写在了捐赠者名单上，社区就和公司有了关联。

蒂姆·恩瓦尔，Mobiplug 创始人
希拉里·霍尔，博尔德法庭记录员

我们不会去评判每个决定做慈善的人。我们一起探讨，用赚取的财富做一些力所能及的事情，这是一段不可思议的经历。

第十一章　关于孩子

Surviving and Thriving in a Relationship with an Entrepreneur

我和布拉德没有孩子。当与人一起讨论工作和生活的平衡时，我们常常被告知“没有孩子，生活是不一样的”。我们完全同意。对我们而言，没有孩子是一个经过深思熟虑的决定。我们俩各有一种遗传性的疾病，容易导致不孕；而且早在二十几岁我们刚开始在一起时，就决定不要孩子。我们一致同意，每年再重新考虑一次这个决定，然后也是这么做的，一直到三十几岁最终决定不要孩子，到现在我们从未因为这个决定后悔过。

我们相信每一个个体都有权利决定他 / 她的生活是怎样的，你的态度会成为一个自我实现的预言。如果你觉得自己有时间做某事，或者是没时间做某事，你都是对的。如果你们认为可以将亲密关系暂停个十几年，把焦点同时放在孩子和事业上，那么就算你们真的都准备好了，也很难再有彼此都十分用心的亲密关系。

我们听到了太多次“你们会轻松很多，因为你们没有孩子”，这种说法完全忽视一个事实，就是我们不要孩子的决定，是一个非常清醒、深思熟虑、充分思考后的决定，因为我们不认为能够找到一个很好的方式去平衡我们想要的事业、伴侣关系、个人生活和孩子。我们也不认为别人可以做到。我们知道每一个决定都会有很多权衡，不要孩子的决定的确让我们的生活更加轻松，但是并没有把所有的事都搞定。如果你决定要孩子，那么你需要以孩子为轴心去安排和决定其他的事。

在处理是否要孩子这个问题时，我们知道自己没有经验去讨论在有孩子的前提下，创业者伴侣的生活状态该是怎样的，说了也没有可信度。所以我们询问了很多的创业者伴侣朋友，以下分享的是他们的经验。

从一开始就接纳和尊重彼此的梦想

我们的朋友蒂姆·恩瓦尔和希拉里·霍尔分享了他们关于创业、家庭和财富的点点滴滴——蒂姆口述，希拉里编辑。

当希拉里和我决定开始创办第一家公司时，可能是我们家庭关系最糟糕的时候。我说“我们”，是因为让家庭成员之一为了创业贡献时间、热情和能量的决定，也是让所有家庭成员在同一个跑道上奔跑的一个决定。在我们挂牌营业之前两个月，我们收养了两个特别的女孩——同父同母的姐妹。即使在正常的情况下，两个女孩也需要更细致的爱和照顾。看起来不是一个完美的时间点，对不对？第一个工作周正好赶上母亲节，我不在家，这是非常典型的创业者状态。

我们用自己的方式（一定程度上）成功地经营家庭，包括深度尊重、接纳彼此的梦想和灵魂，深深地赞叹每一个家庭成员为家庭所做出的牺牲，以及细致的时间安排。

我们看到很多有梦想的人永远不会开始创立自己的公司或者追逐自己的梦想，因为他们的伴侣不能深度认同和接纳他们的梦想和灵魂。那些我们认识的一起经历过多次创业的伴侣们，都有一个共识——就是他们知道伴侣的心中始终有一团火——追逐自己的梦想。这处于一个更积极的层面上，比简单说“没问题，甜心，尽管去做任何你想做的事”高很多。这是一种认可和接纳，当他们的伴侣正在追逐梦想，他/她会降低对对方的要求，去支持他们追逐梦想。因此，双方都能拥有精神上的满足。这是非常难得的，只有事业和家庭双丰收的伴侣才能意识到并做到。

相反地，追逐创业梦想的伴侣会经历这两个状况中的一个：一旦接受伴侣创业的事实，就要接受他/她因为创业而变得疯狂，以及因此带来的负担和压力；或者完全没有能力去理解他/她的疏于陪伴甚至在家加班，要向朋友和家人解释为什么周末聚会时他/她的伴侣不能参加，要向孩子解释为什么今晚（或昨晚，或前晚，或……）爸爸/妈妈不在家，以及做很多与创业无关的家庭决定的压力。重申一次，我们见过很多创业者伴侣在创业第一年或者第二年分开，因为缺少认可和接纳；我们也见过很多单身创业者永远不能拥有一个家庭，因为对于亲密约会没有同理心。

而我们是在婚姻快到解体的边缘时才认识到问题。我意识到（在希拉里的大力帮助下）自己在创业上投入了过多的时间和精力——花费了大量的脑力，在家的时候，我的心思也没在家庭上，甚至因为孩子很少关注希拉里。而那段时间我们处在构建生活蓝图过程中，正经历着跌宕起伏。在这个过程中，我们发现离彼此从来没有这样远，我们需要再回到彼此身边，永远在一起。认识到我都对希拉里做了什么，好像是一吨的砖头砸在我头上。就好像是瘾君子从来没有意识到自己给别人带来多大的困扰，直到某件事迫使他们去面对残酷的现实——上瘾这件事不仅仅危害他们自己。

在每一个公司活动或者聚会上——不论是公司万圣节，其他节日聚会，或者每一个休闲随意的聚会——我都会非常在意在第一时间通知到所有合作伙伴（所有的员工），因为我知道每一个伙伴在创业公司中所做出的贡献和在普通公司中是不一样的。

以上种种，也让我们去进行时间管理。作为创业者，特别是如果你还有孩子的话，要习惯接受你的个人时间为零。你有两个日程表：创业日程表和家庭日程表。就是这样。没有时间健身，没有时间打高尔夫，没有时间阅读。要不就是没有个人时间，要不就是睡眠时间不足。为什么？因为你已经认识到你的痴迷创业带给家人的痛苦程度，以及你奉献给创业的大量时间，那么就要把创业外的时间100%地投入家庭。不是偶尔或部分关注，而是全身心关注家庭。在我们家，下午6点至8点是纯粹的家庭时间——更确切点说是，“爸爸要读书给女儿们听，帮她们上床睡觉，然后处理她们的杂事，这样妈妈可以休息一会儿”。确实也没有其他选择，如果我把时间都投入在创业和纯个人爱好上，那么我就得放弃睡眠，我知道睡眠比其他任何事情对我的健康来说更重要。

在我们的案例里，我们很幸运地穿越了早期的家庭磨合，更幸运的是经历了财富积累——这被看成是创业者成功的标志之一。

钱对于创业家庭来说不是一个轻松的话题。它会（经常是）从一个极端到另一个极端来回摇摆。如果你像大多数创业者那样从小额资金起家，用很少的资本储蓄去支持你的兴趣、爱好、热情以及内在召唤，那么通常这意味着你会花光所有的积蓄，用掉二次抵押贷款，或者用尽你的每一分钱。我们发现另外一个可以达到家庭和睦的秘诀，就是接受我们会赤贫的可能。有一次我们互相望着对方，然后希拉里说：“最糟糕的情况会是怎样？”我说：“我们会没钱。”希拉里说：“好……我们以前就没钱，无非是再回到从前一次。”这是非常认真的事情，我们正在进行的是一次认真的投资。像所有认真的投资者一样，在确认投资之前我们做好了投资失败的所有准备，这是关键。重申一次，我们看到很多的追梦者自己或者伴侣无法面对和接受会失去鸟巢里的金蛋，二次抵押、房子以及所有。“恰到好处的投入”无法成就创业的成功，事实上你需要的是“全部投入”——你不得不这样。我们就是这样。

蒂姆·恩瓦尔，Mobiplug 创始人

希拉里·霍尔，博尔德法庭记录员

养育孩子

布拉德并不擅长带孩子；他理解不了他们，不知道该如何与他们相处。如果你给布拉德一个六周大的孩子抱，他会交叉着双臂，礼貌地拒绝。如果问他是否愿意照顾一个三岁大的孩子，他会非常耐心地告诉你，这是个非常错误的主意，你并不是真想让他这么干。

养育孩子是非常辛苦的。如果你让自己的创业公司起飞，同时又在养孩子，这项挑战比正常养孩子困难两倍还要多。下面是托德 · 弗农关于如何同时驾驭这两件事的感受。

创立一家公司就像生养一个孩子。有时候更糟糕的情况是，事实上你已经有了一个孩子。不论哪种情况，不夸张地说，你正在进入一场战斗，暂时得对你的个人生活说再见。你即将走马上任一个新的角色，如果一切顺利，在未来的三年中，公司虽然忙乱却能渐渐自负盈亏。

但是你需要专注。创业，意味着保持信念，让整个团队保持开心和能量满满。你要知道这是你曾经干过的最难的事，但是你很兴奋，因为你知道这是内心更高层次的召唤。你正在干一些可以改变世界的事，你可以做到！

创业从来不是你想象中的那样。你的朋友，就是那个可以带着他们的孩子随意远足的夫妇，去任何他们想要去的地方；但是你却觉得受到了束缚——你的孩子（和你）并没有为所有的这一切做好准备。但是，就像他们说的，如果你正在地狱穿行，坚持往前走。

非常感恩的是，在这段旅程中，我有一个副驾驶在旁边。两个人一起带孩子就容易多了。要想拥有稳定的、目标明确、平衡的旅程，一个好的伴侣是必需的。

在我的生活里，我的伴侣就是我的妻子，卢拉，她是一个真诚的火箭科学家。卢拉是 NASA 的航天工程师，她写了很多我永远看不懂的技术资料。但是对于我来说，她只是我的副驾驶而已。

总的说来，孩子由卢拉负责。作为一个真正的母亲，她知道大概的方向，对于下一步该怎么做有本能的直觉。她让我的投入有了价值，在养育孩子这段旅程里，她是领航员。如果孩子有什么问题需要处理，她能迅速搞定。

创业公司 Going Concern 一般由我负责。在她的支持和具体意见的指导下，我总是知道明天该怎么去做。作为 Going Concern 的 CEO，就像卢拉那样，我的本能直觉就是拿着火焰喷射器迅速纠错。但是她会以无穷的智慧忠告我：“明天再审视一下你的想法。”

干一件你从未干过的事，是一个高尚而又困难的任务。不夸张地说，创立一家新公司，是一个可以让你半夜起身的任务，也是一个需要每周工作 7 天、每天工作 24 小时的使命。这里分享的更多是工作和生活的平衡，但事实的真相是，从某种程度上说，你的工作就是你的生活。你必须与那些完全了解这项使命、极其热爱这项使命的人一起投入这种生活，同时你必须拥有能看到结果的洞察力。

卢拉·弗农，家庭主妇

托德·弗农，Lijit 公司创始人

清楚地界定你的角色和责任

尤德（Jud）和艾普尔·瓦莱斯基（April Valeski）已经结婚 15 年了，并且有两个孩子，一个十岁的男孩和一个七岁的女孩。尤德是 Gnip 的 CEO，这是一家五年前他与别人联合创立的公司。尤德的故事是一个关于探索和发现的故事，他学习到：现在你需要定义自己的角色，社会并不会给你太多的支持，却让你背负着很多期望。尽管别人会对你指手画脚，但你们如何去分配和承担父亲或者母亲的角色，在于你和你伴侣的决定。如何定义“平衡”也都取决于你们。

我的妻子是主要照顾家庭那个人，也总是这样。我总是希望我能像她那样，但现实是，我根本不能。无论如何，我们的角色分工非常适合彼此。我出去挣面包，而她在家滋养我们的灵魂和构造很棒的人文环境。她让我们生活在一个文化氛围非常浓厚的环境里。

当第一个孩子出生的时候，我很胖，也很快乐。我在一家很大的媒体科技公司做一份很棒的工作。有了第一个孩子你会非常开心，尤其当你经历了他出生的时刻后。大量的新变化（钱和时间）需要去努力面对，以证实把孩子带到这个世界上是“正确的”。然而，当他开始渐渐长大，变得越来越像一个“人”，我发现我需要去教会他生活里的很多事。“去试试（尝试冒险)!”我鼓励他突破边界（骑自行车），我鼓励他超越痛苦，我向他展示美好时刻。但后来，当我审视自己的生活时，我无法再跟他继续“尝试冒险”的话题。我是一家大公司的执行官，你能想象得到的生活有多慵懒，我就过着多慵懒的生活。我想象着孩子再长大一点，他会问我是做什么工作的。那一刻，我的眼前有一副栩栩如生的画面，我们的角色互换了。我意识到我的回答除了“很棒”再无其他。“儿子，我35岁了。我每周只要工作几个小时，就可以挣很多钱。”事实上，“我已经退休了”。

于是，一方面我会告诉他坚持不懈是多么重要的品质，我们所有人需要多么努力地工作才能变得睿智，才能去做伟大的事，另一方面，我正计划着跟朋友一起去骑自行车。作为一个新手爸爸，我意识到这不是我想要的示范。按我说的去做，但是不按照我做的去做——我不想让我的孩子这样看待我或者这个世界。

我和我的妻子一起探讨过这种想法，以及我对软件和科罗拉多州博尔德的热爱。我们都意识到，跳出舒适区进入一个未知的领域，是一件可以去做的、正确的事。2006年，我离开了BigCo，然后加入了一家创业公司。

离职让我损失了一笔巨大的薪水收入，我计算了一下，大概是每年4万美元，这样我暂时就不能出去旅行了。有一件事我们做得非常明智，就是我们一直过着一种低于实际收入水平的生活，所以，即便是损失了一大笔，对我们的生活并没有很大的影响。这是我给每一个普通人的普适性建议。

跳到创业公司后，工作量显著增加。我们需要重新定义各自的角色分工，包括如何照顾孩子。我把与家人分享我的新鲜经历当成一种额外的补偿，孩子特别愿意听，总是会抢占前排的座位。

创业是辛苦的事，不论你如何去分配时间和精力。创业的同时还要兼顾丈夫和父亲的责任，让事情变得更加不确定、无法预料。我经常提及酌情而用的能量，就像酌情而用的收入，如何去使用它是你可以控制的。酌情而用的能量，我们每一个人都有。从早晨是买一杯咖啡还是不买这样的简单决定，到是否决定写一本书。在创业公司追着时间跑，和用一些或全部酌情而用的能量去做某件事，这中间的差别太大了。再加上孩子，所有时间和精力的分配更需要技巧。

但这家创业公司运营得不好，所以 18 个月后我就离开了。从中我学到了很多经验，但我还是离开了。经过一系列的偶然事件，我成了另一家新公司的联合创始人，五年之后的今天我还在这家公司，在这段时间，我女儿出生了。

为了给孩子们树立一个好爸爸的形象，我和妻子达成一致，继续在这个创业公司走下去。我们不断地回顾过去，帮助自己以及孩子们从过去的经验中获取价值，而且这样得到的价值还非常高。我们确信，旧的价值模式“上个好高中，上个好大学，找份好工作”已经成为过去，我们需要尽最大的努力去实现新的人生目标。我们想让孩子看到创新的诞生，想让他们看到父母面对挑战时无所畏惧、白手起家是可以成就一番事业的，不会再被传统保守的职业生涯思想影响。我们希望他们看到，在真实的世界里问题是如何得到解决的。我们希望他们看到，父母是如何面对和处理人生的跌宕起伏。所有的这些驱使着我们，作为创业伴侣直接参与到创业的生态体系中。

而我们的孩子也间接构成了这个创业生态体系的一部分。当我们以家庭的形式出现在某个“工作”性质活动现场时，身边所有人的思维方式、处理挑战的方式以及思考如何处理问题的方式，与我们都是截然不同的。我们被勇于冲破社会、技术和行为障碍的人包围，我们没有被那些朝九晚五、追着打卡机过活的人包围，我喜欢这样的状态。

当我其中一个孩子开始直面挑战，并且寻求帮助（或者清楚地知道需要帮助）的时候，我已经可以用真实世界里的、鲜活的例子来教导他们，并让他们产生共鸣。创业生活本身带来的持续不断的变化，对孩子们童年的影响是从方方面面慢慢渗入的——在高峰和低谷之间来回摇摆，再如此反复；每一天都有新鲜事物需要去学习和实践，从来没有沉闷无聊的时刻。我相信结果会紧密伴随我的孩子们。回到家，我从来不会因为老板要让我去做的事烦恼焦虑；不是因为我是CEO，而是因为创业公司本身的存在依赖于每一个人在他的领域成为自己的老板/CEO。当我和妻子在讨论决策过程以及我如何以自己的方式推进公司的经营时，我希望孩子们在旁边聆听。我不希望孩子们听到的是，我和妻子谈论在某些不可控的环境下我如何成了一个牺牲品。

我谈了很多我选择创业的动机。动机对我来说非常重要，因为如果没有积极的动机，那么事情最后就会走向失败；当面临挑战时，我也没有足够的韧劲和意志力去面对。我无意去罗列创业者和“打工者”的区别，早有人已经讲得很全面了。如果你对创业生涯感兴趣，那么你的动机在根本上是与那些只想朝九晚五的人不一样的。你起初的目标可能非常简单，只是想要拥有上市公司的股权，但是对于我来说远远不止如此，比获得经济利益要伟大得多。

显而易见，不管你现在正在做什么，适当地取得生活的平衡是达到完满的人生必不可少的。在某些环境下会容易一些，在另一些环境下会困难一些，但是，最后都会回归平衡。

在已经有孩子的情况下去创业，会有更多的不可控因素需要平衡。就像多球杂耍一样，会有更多的球在你的手里和高空中来回流转。办公室的伙伴们是创业公司这个大家庭的一部分。你不仅要花很多时间和他们在一起，而且工作的强度比普通公司大100倍。这就意味着本质上你的家庭既包括在办公室的这群人，也包括在家的亲人。然而当其中一方比较重要而你又想两者都做到最好时，界线就开始模糊了。裁判的天平有时候会倒向错误的一边，尤其当你把时间和精力绝大部分投注在其中一方时，情况会更糟糕。

如果有第二次机会，我们会重来一遍。这是我生命里最迷人的经历之一。我总是想成为更好的爸爸和伴侣，同时我也确实毫无疑问地相信，在面对每一件事情时，我总是尽了最大的努力。这段经历的重要意义在于，通过创业过程，我感觉到自己很“鲜活”。就像鲨鱼需要不停地游动才能保持存活一样，创业给我的大脑输入了它所需要的新氧气，让它可以持续保持活力并不断成长。

如果你们已经有了孩子或者计划要一个孩子，同时正在考虑创建或加入一家创业公司，请确认你们有了做这些事情的正确动机（不一定非得跟我的一样），以及在创业公司里你们担任的角色能够确保你们同时在家庭里正常承担该尽的责任。事实上，在家庭里承担的部分会比在创业公司更辛苦。这种双重角色的确存在，但能做好的人却少见。创业，常常会被强调需要来自团队每一个成员能量的完全发挥才能走向成功。如果你因为把所有的能量都投入了家庭而无所适从，那么你应该重新考虑是否真的要选择加入一家创业公司。

艾普尔

作为一家创业公司的创始人和CEO的伴侣，生活总是会以最无意识、最具有能量的方式呈现。它总是充满挑战，而我会先去照顾和平衡我的家庭。我的孩子们已经接纳了这种生活方式。当爸爸要离开家时，他们会哭；当爸爸回家时，他们会欢呼。不论人生的高低起伏，他们都沉浸在爱的分享里，尊重每一个人为另一个人的付出。大部分时候，他们的爸爸是一个英雄，但是对于其他人来说却是个脾气很糟糕的人。然后，当一天结束，尤德筋疲力尽，完全吃不进任何东西，而我已经带着孩子们吃了一盒通心粉奶酪……我们很开放并且全心全意地享受当下的生活——一家人互相依偎在一起，梦想未来。

尤德·瓦莱斯基，Gnip 公司 CEO
艾普尔·瓦莱斯基

管理孩子

格里利·萨克斯（Greeley Sachs）与赛思·莱文（Seth Levine）结婚了。赛思·莱文是布拉德的公司 Foundry Group 的合伙人之一。格里利在决定要孩子之前有一份非常有前途的事业，决定要孩子之后，决定自己承担起照顾孩子的主要责任。在这里，她分享了一些详细的关于在拥有一个创业者伴侣的情况下如何管理孩子的建议。格里利和赛思有三个孩子，相比两个孩子的家庭，我们可以学到更多。

几年以前，当我向父亲哭诉，我的丈夫不论是出差还是工作晚回家比老爸还要多时，父亲说："至少他不是在阿富汗工作。"谢谢，老爸！这样的同情心真有帮助啊！

尽管我并不愿意听到这样的话，但父亲是对的，就是不论你感觉生活如何艰难，总是会有人比你更难。我的丈夫经常出差，这对他的健康倒是没有影响，而且他非常热爱他所做的工作。牢记有人比你更难这一点对你是会有帮助的，特别是当你的孩子被学校开除了（第二次），或者热水器爆炸了，或者你被流感袭击而卧床不起，活蹦乱跳的孩子们还需要吃饭，而你的伴侣却好多天不在家的时候。

因为喜欢简单的生活，我并没有出去工作。我每周会花 10 ～ 20

个小时去做志愿者的工作，我还经常会去孩子的学校帮忙，但是我并不想每天去坐办公室。这样能帮助我维持一个平静快乐的家庭。我意识到，与那些自己创立公司、伴侣被创业紧紧捆住或者夫妻双方都有全职工作的朋友相比，我的生活已经非常轻松了。于是我去问他们是怎么来安排工作和生活的，这里有一些共通的内容是他们分享给我的。

千万不要把你的时间表排满。我聊过的三个人，大部分晚上要花 2 ～ 3 个小时带孩子去参加课外活动。还有一个妈妈需要带她女儿参加每两周一次的足球训练，每周末一次的游戏，以及其他晚上的芭蕾和家教课程。（哇，这孩子肯定能参加 2020 年奥运会以证明这些付出的努力。）把玩笑放一边，父母已经被引导去相信，如果他们的孩子不参加大量的课外活动，那么在某种程度上意味着他们的孩子会成为失败者。还有一个理性的妈妈（在经营自己的公司），她将每一个孩子的课外活动都集中在每周某一个晚上；还有，他们每周至少有一个晚上全家待在一起，没有任何课程。这样看起来是合情合理的。

不要尝试把每一件事都做得很完美。如果你的孩子习惯了在堆满衣服的沙发里找当天要穿的那一件，没问题的；把炒鸡蛋当晚餐，它可以算个晚餐；你的孩子也不需要午餐必须整齐地摆放在饭盒里。如果你认为我在开玩笑，我没有。我知道很多妈妈会精心制作食物，仿佛自己已经拿到了詹姆斯·比尔德（James Beard）奖——这样的精美食物的确值得放进饭盒给上小学的孩子作为午餐。给自己放个假，让一切照常进行，但是别追求完美。

寻求帮助！每一个我聊过的家庭对于他们需要什么样的帮助，想法都不一样。我的一个朋友不需要别人来帮助照顾三个孩子，但是希望每次回到家，家已经被收拾得干干净净，饭也做好了。另外一个朋友需要一个清洁工打扫卫生，并且送孩子课后去学习足球。还有一对夫妇，他们需要一个在每周六上午临时照看孩子的人，这样他们可以出去短途远足或者一起骑骑自行车。

以上的建议可以让每一个父母受益，当你的伴侣正连续多日在外出差为新公司奔波时，或者为她的新项目落地而连续一周工作到深夜时，关键是把这些技巧运用起来。你在照顾家庭，而你的伴侣却全身心投入在他/她的业务上，你会觉得孤立无援。当我的丈夫开始创立他的公司，有个朋友非常礼貌地问我——你们是否还在婚姻关系里，因为有超过一年的时间没有看到你们在一起。

有很多次跟我丈夫同事一起吃饭的时候，他们看我的眼神很具有杀伤力，就像在说："糟糕，我就坐在妈妈的旁边，她好像没有兴趣谈任何事。"这时我必须面对的一个事实就是，我因为生活而放弃了工作，这使得我可能不是最好的用餐伴侣。但是对我来说，拥有属于自己的会在家庭之外带给我快乐的事物，可以让我在面对孤独和孩子的事情时保持清醒。

这是我一个简单的也是最重要的建议：在家庭和工作之外保持一项兴趣或爱好是非常有益的。即便你每一周都很忙碌，都被规划好了，也要花一两个小时去做让你快乐的事。远足，画画，看一场外国电影，只是做你自己，而不仅仅是一个父母和你伴侣的伴侣。相反地，也给你的伴侣时间去做任何让他/她开心的事。

这里我们回到父亲的建议上来。这点很重要，尤其当你已经跟某人结婚，这个人正在努力创造一些什么的时候。看到他/她潜在成功带来的长期影响，不论其事业否具有创造性和创业者性质，都会让他们感到快乐。

格里利·萨克斯

赛思·莱文，Foundry Group

经过深思熟虑的出差

很多创业者每周、甚至周末都要出差。这是非常辛苦的，尤其是他们的伴侣需要独自留在家中照顾孩子，是更具有挑战的事情。布拉德的出差过于频繁，以至于在我和布拉德相处的早期，常说不愿意要孩子的一个原因是我不想在婚姻里成为一个“假单亲妈妈”。在第八章有更多吉尔·科恩关于这一点的看法。在负责照顾家庭的一方开始有怨气之前，双方应想办法努力减轻压力。孩子不在身边的时候，要留出的属于两人的时间，这样即便是需要面对抚养孩子的各种生活杂事，两个人还是能彼此亲密地在一起。我们相信，即便是有孩子的伴侣也可以通过“晨间四分钟”进行沟通。在忙碌的早晨的间隙里，花时间彼此沟通，让孩子们看到也是件非常好的事。有时候，不该让孩子们成为家庭的中心。

全职爸爸

全职爸爸的挑战在很多关于关系的书里都讨论过。做一个全职爸爸，你的伴侣在创业，这是个非常有趣的反转。我们向马克·佛罗伦萨（Mark Florence）和妮科尔·格拉鲁斯（Nicole Glaros）夫妇请教过。马克·佛罗伦萨是个全职爸爸，而妮科尔·格拉鲁斯是 TechStars Boulder 的执行董事。

作为一个全职爸爸，有一个正在创业的妻子，很难，但是也不会比其他的婚姻模式更难。从我的角度来说，我们是一个团队；在我们心里都有一个目标，就是我们要营造一个健康、快乐的家庭，同时我们自己也是健康、快乐的。然而全职爸爸确实是个不容易的差事，如果有一个帮手也确实会更容易。我和我的妻子都努力进行合作，我们任何时候都会支持对方。在每一个时刻，我们当中更强的那一个会支持另外一个。我们都不会去追究谁做的多一点、谁做的少一点，相反，纵观全局，看到所有的事情都完成了，那么我们又可以往更高的目标去努力。

在今天的家庭里，角色的反转并不是一件不可思议的事情。但我还是感受到了他人的意外，注意到了当我告诉别人我是个全职爸爸时他们有趣的反应。女人的反应是眼睛一亮，表现出真诚的感动，男人们则先会疑惑一小会儿，然后他们就想知道究竟是怎么回事。对于我自己来说，确实花了一段时间来完全接受这个角色，尤其是在面对陌生人的时候。并不是因为我感觉到了压力，也不是因为我在照顾孩子而我的妻子却要承担起家庭财务责任这个事实让我觉得不舒服。很长时间里，我发现我很在意别人怎么看我。最后，当我发现自己的角色对于家庭来说是多么的重要时，我不再感到焦虑。我把一切精力都投入到教育我的孩子们，教他们如何变成一个善良、会照顾别人、高智商同时也能受到尊重的人。我发现没有人比我更适合来为孩子们来做这些。顺便说一句，我的妻子比我更有能力去赚钱，所以，作为一个团队，我们在各自最擅长的位置上，各自发挥优势，最后赢得胜利。作为家庭团队成员之一，我的妻子尽了她的全力来保证我有时间去录音棚练习，或者录音，或者参加其他活动。特别是独自照顾孩子们一整天后有些精疲力竭，再有一点点时间能完全做自己，那种感受和效果是惊人的。很多次，仅仅过了两个小时，我就开始想念孩子们，等不及要回去跟他们在一起。

有一个如此神奇的妻子并不是件令人受伤的事。她真的尽了她最大的努力给了我所有我需要的支持，相应地，这也会激励我去给她同样的回报。总的来说，我努力不去变得自私。我努力让自己清醒地意识到，我们都很用心地在经营家庭。当一个人的脑力、体力透支时，很容易自怜，很容易目光短浅，很容易责怪另外一个人。不论任何时候，我们当中的任何一个人开始有这个倾向时，我们就会探讨这个问题。我们会充分地进行讨论，但是不会过分夸大问题，充分沟通是关键。我们彼此会用一种非攻击性的方式来表达挫败的感受，探讨如何重新安排事情，或者手牵手一起来处理这些事。

马克·佛罗伦萨，全职爸爸

妮科尔·格拉鲁斯，TechStars Boulder

第十二章 关于家庭

Surviving and Thriving in a Relationship with an Entrepreneur

我们没有孩子，但是我们的确生活在一个大家庭里。兄弟姐妹、父母、亲戚在我们的创业生涯里扮演了很重要的角色。另外，很多伴侣都是在同一家公司一起工作时开始伴侣关系的，就像我们一样。找出应对这种棘手关系的办法非常具有挑战性，也很难令人绝对满意。

跟 CEO 结婚

克丽丝塔 · 马克斯（Krista Marks）和布伦特 · 米尔恩（Brent Milne）同时开启了两项事业。一个是消费互联网公司，另一个是作为战略顾问为客户提供硬件咨询业务。四个创始人拥有等额的股份。克丽丝塔和布伦特结婚了，克丽丝塔是 CEO。下面就是他们关于如何处理他们的这种动态关系的分享。

Credit: Erin Sage Photography

在创业最初的那些日子里，我们意外地卡在了一个创意上。也许那时还有其他很棒的创意，但是这个创意就那样脱颖而出，呈现在了我们面前。这个创意跟我们的业务或产品没有关系，而是关于我们在一起如何开展工作。我们做了一个决定，就是彻底避免在办公室之外谈论工作。我们这么做的初心很简单：只是想在生活中保持神清气爽。这个创意很可能带给我们很大帮助。很早之前我们就明白，创业生涯会很快占据我们所有的生活。对于手头任何一个项目，我们都会极其亢奋地全心投入，所有关于“平衡工作和生活”的念头，对于我们来说都是奢望。我们都非常享受工作，因为从工作中得到了极大的满足，感受到了明确的目标，甚至从工作中获得了持久的友谊。

然而，创立一家公司，与其他种类的工作是很不一样的。不断提升的工作强度很快就冲击到了我们。每一个决定、每一个行动、每一个观察都会带来深远的影响。在我们真正开始创业前，我们曾经想过这些，但也仅仅是想过而已。在我们想象创业是怎么回事的时候，想到比较多的是财务上的压力，还有对企业的“使命感”，觉得这些会让我们的工作强度加大，更加聚焦在工作上。后来的经历证明，这些预期都错了。的确，财务压力确实存在，但更大的压力是情感上的投资和创业的使命感。我们很快意识到，创业者已经成为我们的主要身份。这就是为什么很多公司的联合创始人会用婚姻和孩子之类的比喻来形容创业经历——这是我们所能想到的与创业具有相似紧张度的经历。

联合创立一家公司与进入一段新的婚姻相似，给个人带来相似的压力和冲击。把现有的、重要的人脉——包括与伴侣、兄弟姐妹甚至好朋友的关系整合到创业中，是一种巨大的风险，很有可能在把旧关系和新关系混在一起的最后搞成一团乱麻。当然，也可能相反，你们可以创造一个既关系良好又生意成功的企业。不论是对于哪种结果，我们都没有什么特别的建议。但是我们真的认为，把工作和生活分开这个决定非常有帮助。更重要的是，出了办公室就不谈工作，这成了一个非常重要的“防火墙”，把我们的事业关系和个人关系完美地分隔开。

首先，“分隔”是人为和被迫的。创业确实是我们日日夜夜、分分秒秒所想的事。然而，我们每天在办公室待很长时间，就像经历了耗尽力气的短跑。当我们结束工作，就只想回到家放松。其实在回家路上就不谈工作也不是多难的一件事情，忙了一天，我们都很累了，睡眼惺忪，即便说话也是有一搭没一搭的。差不多一个月以后，我们决定确定一个晚上来共度二人世界，那天晚上要及时下班，去吃一顿浪漫的晚餐，共同度过一段幸福的二人时光。我们第一次这样的约会几乎成了喜剧片，因为我们坐下来后不知道说什么，显得很安静，其中一个会偶尔问对方一句“你在想什么？”回答总会是“工作”。这么三四轮下来之后，我们都笑了，然后这件事就变成了一个我们常互相调侃的笑话，然后慢慢地我们找到了其他可以聊的话题。我们坚持按照计划约会，渐渐地，我们从中受益了，虽然偶然在餐厅吃饭时也会有不愉快的事情发生，就像最初约会时除了工作我们不知道该聊些什么，但是我们很快就调整好了。

在一家创业公司，创始人会扮演很多角色，经常需要在不同的工作和个人之间转换身份。在我们的公司里，克丽丝塔是CEO，也是创始人和合伙人。作为CEO，她常常第一个得到最新信息。我们从未跟我们的联合创始人说过关于回家后不谈工作的约定。他们后来知道这事，是因为有一天早晨克丽丝塔很早就到了公司，有重要的事情要与大家分享。她头一晚就知道了这个重要信息，我们的联合创始人很惊讶她竟然没跟我谈过这事。当我们告诉大家我们的约定后，他们就释怀了。我们在家不谈论工作，于是别人就不会觉得在某种程度上我们是一伙的，这也有助于公平处理各个合伙人之间的关系。

对于我们的私人关系，这个约定更为重要。过去，我们在工作和家庭生活之间设置了清晰的界限，我们经常在工作场合直呼对方的名字，而在家里称呼对方的昵称。就像我们的合伙人感觉非常释然和轻松一样，我们很高兴地做到了可以与彼此经营两种非常清晰的、独立的却又健康的关系。在商业环境里，我们扮演不同的角色。在家里我们是夫妻，在公司我们是合作伙伴，这已经变成非常自然的模式。在一家创业公司，很多事都需要创造性的解决方式，不仅仅局限于经营和维护现存的私人关系。

克丽丝塔·马克斯，Kerpoof联合创始人
布伦特·米尔恩，Kerpoof联合创始人

艾米丽·胡（Emily Huh）在Cheezburger工作，这是她丈夫本（Ben）创办的公司，本是CEO。下面就是艾米丽·胡关于如何与她丈夫共事的分享。

人们总是跟我说他们不知道我是如何跟本一起工作的，他们会问我是如何做到每天和他待在一起还能不发疯的。我想有些人会期待我说——生气的时候我们会对彼此大喊大叫，把订书机扔到另一个人的身上。这是很多人的现实情况。幸运的是，我们比那些人和谐多了。

当然，我和本在工作中会有很多的分歧，就像所有人一样。与丈夫一起工作的确是非常棘手的事，在五年的共事时间里，我们很多次都怀疑自己是否还可以持续下去。但最后，我们总是会说，这是彼此可以分享的最迷人的经历之一，而且知道其积极影响远远高于所面临的挑战。

本是CEO，我是一个普通员工。当我犯错时，他会把我叫出办公室去解决问题。而且本也希望我能够尽可能做更多，他会对我更加严格，尽力推动我往前走。虽然“在晚上11:30还在工作”是件让人很难接受的事，但因为跟一个创业者结了婚，或者说，我已经是公司的一部分，我便永远不能说“以后再说”或者不去思考工作上的事了。工作已经融入他的血液，也融入了我的血液。

经过这些年，我们已经学会如何更好地平衡工作和生活，相比投入工作本身，我们更懂得把关注点放在两个人在一起的状态。我们设定了原则，尽量不在办公室之外谈工作，除非是紧急事项。我们会利用回家路上的时间来随意交谈，但是当回到家，我们会有意识地避谈

任何工作上的事，为了避免让对方有必须马上回复的压力，我们甚至选择发电子邮件而非去直接谈论。

并不是所有人都可以享受创业以及嫁给一个创业者的生活。我让父母相信我有能力从这种生活方式里获得成长。我的父亲曾经以及现在都还是一位企业家。通过我父亲跌宕起伏的创业历程，以及母亲常常需要一个人照顾两个孩子的经历，我们已经习惯了这种生活状态。我们接受风险，鼓励尝试新鲜事物，以学习如何面对和处理未知的事情。那些年父母带给我们的一切，使得我们有一个难忘的孩童时代，看着他们处理风险和危机，并且从这些风险和危机里幸存下来，使得我相信我和本也可以承受所有的挑战，以及未来的各种不确定性。

作为创业者，最艰难的事情之一是情感上的冲击。对失败的害怕以及背负太多的焦虑会让你有压力，还要操心员工和他们的生计。我们的头上好像悬着一口剑，特别是对本而言。我们经历了令人兴奋的日子——当所有的事情都尘埃落定；也经历过冰冷的日子，好像再也爬不起来。你会质疑自己是否可以成功，会自问为什么要选择成为一个创业者。

但是我知道本必须要支撑下去，把自己的害怕都抛开。尽管他是公司的领导，但我的确给他提供了情感上的支持。这可能不值一提，但这代表了我对他以及他的视野、格局的坚定信任。我总是坚定地站在他的身旁，去经历探险旅程的每一步。

艾米丽·胡，Cheezburqer

本·胡，Cheezburqer 创始人

一起工作

本和艾米丽每天在一起工作。在布拉德的第一家公司，我们也在一起工作。在成为伴侣之前我们是朋友，而且双方各有各的伴侣。结束了上一段恋情之后，我们开始一起外出活动，但在头六个月处于保密状态。只有几个非常亲密的朋友知道我们在约会，然后住在一起，我们很犹豫和纠结如何去公开这段关系，因为我们在一起工作。

马特（Matt）和玛丽吉塔·布隆伯格（Mariquita Blumberg）最开始发展他们的关系时，也是在一起工作的。马特是 Return Path 的创始人和 CEO。在创立 Return Path 之前，在 MovieFone 工作的马特雇用了玛丽吉塔。在开始约会之前，他们在一起工作了一年，然后又保密了一年，直到他们订婚。在马特创建和经营 Return Path 的整个过程中，即使他们不再在同一家公司工作，也几乎所有时间都待在一起。他们一同建立家庭，即便不工作也会一起待在书房里。以下是他们的故事。

当想到这个主题的时候，我们可以把它分成三种不同类的“在一起”。每一个故事，每一段路，在我们通往“创业婚姻”的路上都很有建设性意义。

我们在一起工作。1994 年马特面试我的时候，他是一名初级分析师，而我还是一名麻省理工在读高年级学生。我们其中至少有一个人有一见钟情的感觉。但是紧接着，在我入职前一周，马特辞掉了在 Mercer 的工作，所以在我们真正在一起工作之前又过去了三年。我们真正在一起工作是 1997 年，马特雇用我为他在 MovieFone 的团队工作。我们开始约会是在 1998 年，秘密约会；1999 年订婚；2000 年举行婚礼。一边工作一边约会是一种特别的体验，尽管充满挑战。要想花很多时间待在一起，去了解和学习对面那个人的脑子里在想什么，什么样的方式会是一个更好的方式？一同工作。我们两个常常比其他人的工作时间都要长，这样我们就可以一起来上班，然后一起下班，不会引起任何人怀疑。如果有什么的问题的话，那就是我们都“太”职业了，而且因为过于警惕导致有一点紧张。如果我们那时“公开”了，可能完全是另外一种状况。

我们在一起建设家庭。婚姻可以算是创业公司最终的目标样本——打造一个大家都喜欢的环境，分享价值观、分享资源，朝着共同的目标去努力，这些都是许多大公司赖以成功的基础。而你们是最重要的组织形式——家的联合创始人。随着孩子的到来、长大，不断有新的和不同的需求，家会慢慢地改变一个人。家庭需要有人非常清醒、非常成熟地去引领和经营，同时要有非常清晰的分工和责任。我们像个整体一样在一起工作，为我们自己、孩子和整个家庭设定目标，就像在任何一个团体中一样。我们希望一件一件去完成那些想做的事情。家里不全是工作——玩乐也是非常重要的——但是作为一个家，有意识地计划想要实现的那些东西，是需要时间的，这对于我们来说是非常重要的投入。

我们在同一间屋子里并肩作战。不论做什么工作，都需要全情投入。现在尽管你从事的不是"案头工作"，你还是会坐在桌子旁边，会用电脑，上网，使用电子邮件和日程表。如果你们俩都在家，又不是合作项目，就会各忙各的。过去这些年我们已经找到了非常好、非常适合我们的一种方式。我们同享一个办公空间，同在一张巨大的桌子上办公，面对面。需要的时候，我们会礼貌地打断对方，被打断的那个人会迅速结束当下的思考，然后尽快反应。最重要的是，我们充分明白对方的哪些事是需要迅速提供帮助的，不论它因何而起，也不管它是什么事。

走过以上三个阶段的我们，最重要的一点就是在现如今不再需要在个人和工作之间设立清晰的界限。对于我们来说，经营一段健康的婚姻，就是把各自生活的细节360度无死角地融在一起。不论什么地方、什么时间、涉及什么问题，彼此一直都在，随时准备为对方提供需要的协助，然后两个人一起攻克难关。

马特·布隆伯格
玛丽吉塔·布隆伯格

到你最向往的地方去生活

我和布拉德坚信，每个人都应该挑选一个自己向往的地方，然后在那里开始自己的生活。1995 年我和布拉德从波士顿搬到了博尔德。我在阿拉斯加长大，布拉德在得州长大，波士顿对于我们俩而言都没有家的感觉。1993 年，布拉德把公司卖了。他曾经承诺过在 30 岁之前会搬离波士顿。在他 30 岁生日之前的两个月，我告诉他：“我要搬去博尔德，如果你愿意的话，可以跟我一起。”那时我们并不知道博尔德会不会是最后的定居地，但六个月后我们知道，就是这里了，再也没离开。

马克 · 梭伦（Mark Solon）是一家名叫 Highway 12 Ventures 的风险投资公司的合伙人，这是马克创立的第二家公司。在碰到帕姆（Pam）之前，马克一直住在波士顿。在一起几年后，他们俩决定搬回帕姆孩提时代在博伊西的家。在那里马克开始创立 Highway 12 Ventures。下面是他们的故事。

这么多年来关于鼓励年轻人“做自己热爱的事”或者“跟随你的热情”的故事层出不穷，但是，鼓励“到你向往的地方去生活”的却很少见。我们坚信，对于幸福来说，住在哪里和做什么同样重要。我们把这个观念贯彻到了生活中，2000 年春天，我们从波士顿搬回了博伊西。

帕姆

我总是记得那一年的 4 月 11 日，马克摇醒我，吹着口哨，对我说：“生日快乐，我们搬回爱达荷州吧。”他的话让我震惊，因为我们之前从未讨论过——但是就像他在布拉德之前的作品《创业唯快不破》中说的那样，他梦想过要住在那个生我养我的美丽城市。经历了最开始的惊喜后，我们将面对生活的巨大变化，我一刻也等不及要马上回到故乡了。24 小时之内，马克就辞掉了一家私人股权公司合伙人的工作，并且把房子挂出去售卖。尽管已经有了一个1岁的孩子，并且我已经大腹便便地快要生第二个了，我也从未担心我们的职业生涯或是如何养活自己。我相信我们能搞定。我只知道，应该在一个让我们都喜欢并且有良好配套设施的地方养育孩子。

马克

我认为"'住哪里'和'做什么'同样重要"是个非常宽泛的概念。如果你只把事业锁定在某个城市，那么这个观点就没有价值。然而，即使你像我们一样有很多的选择，你也要明白，在一个喜欢的小城或小镇重新开始建立生活从来都不是一件容易的事。我在纽约长大，35岁之前我分别在芝加哥、旧金山和波士顿居住过——四个令人难忘的城市。但是没有任何一个我曾经生活或拜访过的城市能像博伊西那样给我家的感觉。我发现博伊西比其他我待过的城市让我更容易重新恢复活力。对我来说，交通不拥堵、难以置信的大量户外活动、好天气、高质量的生活，使得博伊西成为一个理想的居住地。博伊西有缺点吗？当然，它有——这取决于你怎么看，它的确有很多缺点。博伊西是一个只有20万人口的小城市，它显然并不适合所有人。从专业的角度来说，对于一个像我这样的风险投资人来说，还有其他很多备选地点能让我发展得顺利一些。然而，我从头到脚都相信，我之所以能在事业上做到更好，完全是因为选择了一个合适的居住地，而不是其他。

帕姆

离家12年后搬回爱达荷州，是我们做过的最好的决定。当然它并不适合每个人，但是对于我们来说那里就是天堂。一年12个月几乎每天享受户外的生活，同时积极参与博伊西小社区的活动，令我们身心愉悦。不论马克在波士顿多么成功，我知道我们在那里从来没有得到过我们想要的那种理想生活，但是在爱达荷州，我们找到了那种满足感。

马克

在我年轻的时候，从来不知道生活环境对一个人精神健康的影响有多么大。对我来说，爱荷华州比其他任何一个地方都好，每天早晨醒来，我都觉得自己好像是中了“到你向往的地方生活”的彩票。我看着孩子们的成长知道只有到他们离开这个城市时才会懂得感激它，我希望有一天这种强烈的吸引力可以把他们拉回来，就像我一样。

我们相信，在年轻人开始规划自己的生活时，地理位置对幸福指数有很大影响，它的重要性甚至会超过高收入的工作机会，认识到这一点很重要。我们给每一个正在思考这些重要人生问题的人的建议是：找到那个能够让你正常、充分休憩充电的城市，不论是参与户外活动、健身、去博物馆还是参加其他文化活动，以及享受那里的好天气，关注当地的球队等休闲放松的方式。还有些因素是需要考虑的，比如人口、出行的便利程度（或压力）、主流价值观，还有一切其他会影响你生活品质的重要因素。然后你可以开始调研如何在那里开始你的生活。在一个你想生活的地方追逐和实现梦想，从来都不会比其他地方更容易。布拉德曾经写过一些关于做你自己喜欢的事情的重要性的内容，我们太同意了。然而，在你想要生活的地方去做你喜欢的事，会让你的生活更加丰富多彩。

马克·梭伦，Highway 12 Ventures 创始人

帕姆·梭伦，梭伦队四分卫

在各家公司探险

当创业者的公司被别人收购，一般需要一到两年时间的过渡期继续为公司工作。有时候这个过渡期会非常短，可能会突然中止。也有时候，创业者会继续为公司服务很多年。

当布拉德的第一家公司被收购是在某个周五，交易达成，紧接着的周

一，他像往常一样早晨 5 点起床，然后去办公室工作。18 个月之后，他停止了为这家公司全职工作，同时他已经作为天使投资人积极参与了多家公司的运营。在我们的案例中，没有过渡假期——布拉德在过了周末后就开始新的工作。

回顾这一段时光，我们有遗憾。在公司被卖出之后的一年里，布拉德依然在为这家公司全职工作，那段时间，我们原本可以从其他地方拿到更多的收益。我们本可以做很多其他事情，当我们年纪更大的时候这些事会成为我们生命的一部分，比如假期，或者在巴黎和托斯卡纳等诸如此类不同地方工作时，在附近顺便旅游，这样整体的工作和生活节奏会完全不同。

1995 年，蒂姆 · 米勒（Tim Miller）创立了他的第一家公司——Avitek。在此之前的两年，他作为顾问在博尔德和旧金山两地来回跑。那时，他和妻子杰瑞（Jerri）有两个孩子。杰瑞一开始为蒂姆为什么不能找一份"普通"工作而恼火，现在他可以在家陪孩子和她，她的情绪因而得到了缓解和放松。汤姆创业一年之后，杰瑞也加入了公司做会计。

1999 年，Avitek 被收购了，紧接着蒂姆计划带着杰瑞和他们的两个女儿去航行。他们的两个女儿伊丽莎白（Elizabeth）和悉妮（Sydney），一个 13 岁，另一个 10 岁。下面是杰瑞分享的关于他们的故事。

很难去量化在两地飞来飞去这一年对我们的影响，但是我相信它对我们的生活已经造成了深远的影响。蒂姆知道我想让他停下来，2001 年，我们制定了一年期的、去地中海和加勒比海航行的计划，这让我很兴奋。

蒂姆花了一年的时间，来采购装配一艘 58 英尺长的帆船，我们称之为"蓝色狂想曲"。当我们告诉别人这个计划时，他们虽然普遍抱着谨慎的态度，但是都说"我真希望也可以干点类似的事"。每次听到这样的话，提醒我就会想起跟一个创业者结婚的好处和压力。蒂姆从来不会在“我能做一些像那样的事”前面加上“我希望”。58英尺长的帆船是很多家庭的梦想。在整整一年时间里，我们一家四口每周7天、每天24小时待在一起。当我想起这些，还是会感到惊讶，因为我们待在一起的时间太多了！

我们的过渡期过得轻松有好几个方面的原因。我和蒂姆在一起工作了很多年。第一年是调整期，对于彼此的工作方式，虽然有很多争论，但我们能够解决自己的问题，并且对于彼此的差异和偏好能够给予更多的理解，也正是这些差异和偏好令我们可以更和谐地工作和生活在一起。我们也花了很多空闲的时间跟孩子们在一起。对于我来说，整整一年的时间，在58英尺长的帆船里每时每刻都能知道我的两个孩子在哪个角落，这感觉太棒了！我不知道他们跟我是否有一样的感受，但是最后所有的事情都顺利进行着。

一段长时间远离博尔德的生活，给我们机会去寻求新的生活方式。我们一边忙着调整工作环境、教育孩子、重新装修房屋、调整社交生活、尽应尽的责任，一边保持着耐心、热情和谦逊。我们原来的居家生活和这段海上生活是完全不同的。我们换了船上的用油，做了大量的清洁工作，非常辛苦地和沿途的当地人比画着沟通，还要负责孩子们的教育和娱乐。在这个过程里，总是有些事情需要去做调整、维护、清理和修复。很多次，当我们帮孩子们完成了上午的学习课程，此时大船正美好而安宁地驶向下一个港湾，我和孩子们会拿本书找个舒服的地方坐下，蒂姆开始讲关于发电机、净水器或冰箱的知识。我暗暗叹了口气，我知道我们三个很快会散去，因为读书的氛围被破坏掉了。其他很多时候，我们是开心和满足的，有时候会期望有客人来，甚至期望一些会打破这种节奏的事情发生。我们遇到了很多的挑战，还有一些偶然紧急事件，这样就避免了太过自满或者无所事事。

海上航行的生活和地面居家的生活，两者有另外一个巨大的差异。在陆地上时，我总是会关注我们需要的那些事情。在我的iPhone、电脑和平板电脑上都列着所需事项。而在船上生活时，因为考虑到重量和存储限制，我关注的焦点是：哪些东西是不需要的。到现在想起来感觉还是很糟糕，那时只允许孩子们带一个随身的包包，不允许客人使用沙滩巾（因为太难干了，只能给他们用围裙），唯一一个被允许带冰块的人是我的公公唐，因为他晚上要喝杰克丹尼威士忌。重申一次，最后所有的事情都很顺利。

在这一年里，我收获的是如何去认清对于我来说什么是最重要的。我有了时间去回顾，和我所爱的人在一起，还有爱我的人对我优缺点全然的包容。我对自己感觉更加满意、更加自信。在家的时候，我一直很忙，忙着完成各种事情，很少去想它们意味着什么。结束航行回来后，我会对自己所做的事进行更多的思考。

我意识到，当碰到一个人、一对情侣或者一家人，不要去问他们是做什么工作的，而是花一天或几天时间跟他们在一起吃饭、远足、去岛屿探险。看着孩子们在船与船或者船与岸之间游来游去，迎着微风想一想我们是谁不是谁，这样的感觉真的是种享受。然后，不必期望再见到他们，走近他们只是走近了一个之前与我们完全不相干的世界，当我们离开时，便又重新启程了。

一年的海上航行是我们曾经做过的最好的决定之一。我刚刚告诉蒂姆，就算事情不顺利，我们迷失在未知的地方（这是蒂姆从来不担心的事，但我总是很紧张），至少我们做过一个很好的选择。对于我们一家人有这样的一段时光，我会永远心存极大的感恩。

杰瑞 · 米勒

蒂姆 · 米勒，Rally Software

记住，生活是一场马拉松，而不是一次短跑

我们与戴夫 · 吉尔克（Dave Jilk）是 30 年的朋友了。布拉德在麻省理工学院兄弟会招新会第一天就碰到了戴夫。布拉德是大一新生，戴夫是大四学生。又过了一年，戴夫碰到了我，我那时是韦尔斯利学院大一新生，经常去布拉德那里

的兄弟会玩。在布拉德和我成为恋人之前，我们的友谊已经持续了七年，包括我在菲尔德科技工作的两年，那时戴夫是我的上司。

在长达 30 年的时光里，友谊让我们共同成长。从戴夫的邮件里，我和布拉德读懂了这份友谊的价值所在，我们都认识到，这是一种回顾与思考年轻时候的生活和各种关系的很棒的方式。

创建和经营一家公司像短跑。每件事都非常紧急——钱总是有限，你在一个限定的跑道上去证明资本增值的可能性，或者努力使每一个月能有两次投资分红。你必须考虑公司的长期愿景和战略，无暇顾及个人的职业生涯。如果你把所有的能量都放在公司，你将会获得成功，之后再去处理这些事。

不论你是否出售公司，公司失败了还是获得了成功，你都有机会停下来，重新思考这些事情的价值——最后你会去思考下一步该做什么。作为一个创业者，你开发了一套有价值的技能和强大的知识体系。更远一步说，不论你是否意识到这一点，你孵化了一套价值观，并使它不断迭代升级，在一个传统的工作环境里发生作用。而结果，你的下一个开始很可能是去创立另一家公司。我就是这样过来的，看起来就像一个创业连续剧，更像一个规律性循环，而不是出于个人意愿。

如果要从未来给年轻的自己提个醒，那么我会告诉自己更多地把事业当成一场马拉松而不是短跑。

我让自己聚焦于马拉松式训练的方式之一是，规划和休一个真正的假期。在两次创业之间的间隙，就算有时间休长假，我也会拒绝，因为我还在经营公司。我总是觉得需要把所有的能量投入到公司去，而假期会把我带离公司太久。我总是想，当公司成功，我就会有大量的时间，我可以退休，或者至少半退休。

这种处理方式可能适合我，也可能不适合我，但毫无疑问它并不能让我的妻子莫林（Maureen）满意。她从事一份传统工作，因而有大量的假期。她的工作真正的优势之一，就是有机会享受真正的假期。她很有耐心，但是现在她希望我们的假期计划成为生活的一部分，而不仅仅是对未来的幻想。

我们曾经休过几次长一点的假期，我觉得还是不错的。我一方面很享受这样的长假，另一方希望一切都必须完美，因为时间太宝贵了。这使得我们的假期比我期望的更有压力——潜在的问题太多了，甚至那些超出控制范围之外的事情（天气、健康）也让我们产生了焦虑。还有，虽然我很擅长切断对外联系，但是当我要断绝与外界的联系超过一周（特别是当我和莫林要去的地方通信信号不是特别好时），这样的状况会带来压力。我是一个非常靠谱的人，在即将失联的情况下，我能很好地安排未来一周，但是两周就很难了。我也总是很纠结，一想到这只是个假期，我们终究是要回去的，就很难得到真正的放松。那种感觉好像是在短跑时停下来签了个名。

相反，莫林非常喜欢我们的假期和旅途的经历。她认为我们应该多旅游，不仅仅是因为她非常享受其中，也是因为旅途中不可避免的意外与创业中的种种棘手问题一样，让我能够学会变得平和。莫林提醒了我约翰·斯坦贝克（John Steinbeck）的那句话：“一场旅行就像婚姻。如果你想要控制一切，便注定失败。”

如果在一开始我就用马拉松的视角来看待创业，我可能早就已经思考过对于一个创业者来说什么样的假期看起来是合理的，我和莫林在假期里想要什么和需要什么。关于假期需要考虑的因素有：每年该花多少时间，每一次需要多少时间，想去哪里，想做什么，是否想与外界保持联系。我想研究出一个有价值的旅游大纲，并努力按照规划去做。把职业生涯当成一场马拉松，在合适的间隙，你必须让自己变得平和、补充水分和电解质。

戴夫·吉尔克，Standing Cloud
莫林·阿蒙森，律师助理

兄弟姐妹

布拉德和他的兄弟丹尼尔（Daniel）都是创业者，都住在博尔德。他们的事业会有交集，但他们非常努力地在工作中维持彼此独立、分离的兄弟关系，这种状态胜过在工作上互动。

两兄弟已经是同一家咨询公司的合伙人，在同一家联合资本公司工作，还有好几个其他的交集，比如丹尼尔是某家公司的执行官，布拉德是投资人或股东。这种类型的交集，可能有些兄弟姐妹并不喜欢或者觉得并不理想，但丹尼尔和布拉德从一开始对彼此的界限就很清晰，他们努力工作，在事业和个人关系中保持彼此的独立。在优先顺序方面，维护他们的私人关系排在首位。

对彼此的信任、诚实和尊重是布拉德和丹尼尔以这样的方式取得成功的重要因素。作为创业者、社群领袖，尊重彼此的相似之处和不同之处对两兄弟来说同样是重要的。这一点，他们在孩童时期就得到了父母的鼓励，在成年之后又得到了很好的培养。

当两兄弟在同一个圈子里工作的时候，有一个有趣的情节，丹尼尔会被偶然问到诸如“你认识布拉德吗”这样的问题。在过去这些年，由于布拉德的曝光度在增加，丹尼尔常常会碰到一些人想通过他去接近布拉德。这是挺烦人的，丹尼尔和布拉德用一种非常果断的方式来解决这个问题。丹尼尔推荐人给布拉德的时候毫不含糊，他非常清楚这个人是否值得推荐，如果他不想推荐，那么给这个人提供布拉德的公开邮箱（brad@feld.com）就好了。

为了建立和维护兄弟关系，布拉德和丹尼尔积极地投入了时间和精力。他们通过分享彼此的经历、时常聚会以及其他临时的活动来达到这个目标。十年前，两兄弟开始通过菲尔德家族男人们的旅行活动聚集在一起。这是一个时间特别短但密度很大的为期三天的聚会，与布拉德和丹尼尔的父亲、叔叔和堂兄弟们一起。另外，丹尼尔和布拉德经常会在一起吃饭，这样他们可以谈论任何他们想谈论的话题，以与对方同步。他们有时候谈论业务、人际关系、活动、兴趣或国际时事，有时候谈论父母。更多时候就是随意的联系，偶尔也会有很频繁的电子邮件往来、电话或者去山里徒步。这些小聚为兄弟俩保持好的关系提供了方便和基础。

上有老，下有小

不可避免的是，当你正在长大时，父母也正在变老。在某个时间点，你可能发现自己面对的是正在衰老的父母，伴随而来的你的责任就是要照顾他们的老年生活。当“上有老，下有小”时，这种情况会更加恶化。两方老人都需要照顾，会很难，压力很大。对于创业者伴侣，这种情况会因为钱、距离还有价值观的差异而更为复杂。

先说说钱。布拉德的父母和我的父母财务状况是不一样的。所以，对他们提供的金钱上的支持也不同。另外，保健成本和保险状况是不同的，双方父母的身体健康状况会影响到这一点。如果双方都能很好地面对棘手的问题，那么这件事就变得相对容易。这笔钱用来干什么？为何给一方父母钱，而不给另外一方父母？你能够花时间陪一方父母，而把钱给另一方父母吗？你兄弟姐妹的角色和责任是什么，在财务支持上谁会跟你不同？找那些平静放松的时刻去跟你的伴侣谈论这些棘手的话题。

距离是另外一件具有挑战性的事情。在布拉德和我整个关系的存续期间，他的父母一直住在达拉斯的房子里。我的妈妈一个人独自住在匹兹堡，直到她认为非常有必要搬到三个女儿的家附近方便她们照顾，才搬到了博尔德地区。如果你正在老去的父母住得离你很远，本来创业公司就有大量的出差，还要去很远的地方照看父母，那么只会让情况更加糟糕。你需要决定如何做出妥协——比如，当夫妻中一个要去父母居住的城市看望父母时，谁来照顾孩子；两个人分开多长的时间；是否给兄弟姐妹们提供机票……事无巨细。如何对待双方的父母，与双方的父母关系如何，并不需要非得完全一样，但是我们关于如何为双方父母提供支持的看法得统一。

两个人要经常在一起讨论，确信你们的决定是一致的。如果你的伴侣正在照顾年迈的父母，你要比正常时候给他 / 她提供更多的支持，更友好一些。承认和接受父母终有一天会离世的现实，也从另一个角度说明了：成年人的世界中并不全是快乐。如果伴侣能够陪伴在身边，能够帮助你应对这个残酷的现实。

第十三章 关于浪漫关系

Surviving and Thriving in a Relationship with an Entrepreneur

如果你和你的伴侣还年轻、精力充沛，性和浪漫不是你们要思考的问题。就像人生的很多事，你付出努力才会有更多的回报。性和浪漫是行胜于言的领域，很容易在成熟的关系中被忽略，尤其在忙乱的创业生涯中。

性是只能和你的伴侣发生而不能和其他任何人发生的事情。如果你有一些没有解决的问题、没有表达的情绪，特别是一些负面情绪，例如憎恨、愤怒和沮丧，你们的性生活将会受到影响，可能会把这些没有发泄出来的、没有解决的情绪呈现出来。那样的性不再是亲密、连接和美好情感的舞台，而变成了一个战场。这可能非常可笑，也可能非常复杂。它可以是一个工具，也可以是一件武器。它可以是情感和身体放松的方式。理论上讲，性是非常美妙的事情。

浪漫是一段彼此承诺的亲密关系里最关键的部分，也是在忙碌的生活节奏中最先被扔出窗外的。围绕两性吸引的、与浪漫相关的自助书籍很多，但是一方定义的浪漫对另外一方来说，也许是谜团和困惑。就像性一样，浪漫关系也需要多次的努力达成，刚开始在一起那段时间的相处模式会让一生受益。

围绕性展开交流

我和布拉德认为性是一种特殊的沟通形式，和我们在之前提及的其他类型的沟通有很多要领是一样的。性驱力在性中扮演很重要的角色，也可能会加重在创业生涯中两性的紧张关系。在布拉德的前一段婚姻中，性显然加速了他们婚姻的破裂。在我们刚开始相处的时候，我们努力把性变成一个特别的、神奇的、彼此分享的体验。

我们在一起之前，彼此都有性经验，我们都会对对方关于性的情绪状态敏感。布拉德曾经被他的前妻出轨伤害，我曾经和一个潜在艾滋病患者在一起很长时间，所以认为性是一件非常危险的事情。当我们刚开始在一起做爱时，都异常地兴奋。我们都小心地不去谈论性本身，无论好坏都是自己去感受。

谈性不是一个负担。很多时候，绝少谈性可能会产生更多的性行为，或者更好的性体验。我们刚开始在一起时，围绕彼此的沟通模式建立了非常深厚的亲密关系。我们一开始时对于谈性非常敏感，意识到最好的时机是当我们都休息、放松和做好准备的时候，通常不是在卧室里。

我们经常开怀大笑，并确信幽默是性经验的一部分。当我们在享受深入、缓慢、安静和严肃的性体验时，同样会在一起咯咯地笑，有时是大笑，躺在床上开心地打闹，完全随心所欲地打趣对方。

在这 20 年里，我们会阶段性地讨论性的事情。即使刚刚开始在一起的时候，我们也没有像猴子一样疯狂的性体验。但当我们能够收到彼此的信号时，通常会大声喘息，享受五分钟高峰体验。经过一番翻云覆雨后，才意识到我们吵到家里的狗狗们了。

拥有活跃的、健康的性生活，是从身体、情绪上照顾到自我和伴侣的非常棒的方式。亲密的情感通常依靠性来传递，帮助疗愈日常生活中的那些挣扎，缓解创业生涯中的压力，获得互相支持。

每个人都有责任表达你的需要，并和你的伴侣沟通。表达性的感觉不是一件容易的事情，尤其是当你没有得到满足还要提供建设性的反馈时。在这里，诚实不是最好的策略，却是唯一的方法。

浪漫的经营

尽管“浪漫的经营”似乎听起来是自相矛盾的，但我们发现了一些在工作、出差、写电子邮件和处理非常多繁杂事务时保持浪漫生活的技巧。我们提到的有些技巧看起来非常微不足道，但是，有规律地做这些事情，不断累积，就会让你的伴侣觉得你很在乎她。

第一，无论你在做什么，都要接她的电话。布拉德会让我在他手机上设置专有的铃声，我选了电影《星球大战》中的“帝国进行曲”。无论什么时候，布拉德总是礼貌地告诉别人，他妻子艾米给他打电话了，他需要接这个电话——他有可能正在创业社区面对 500 人发表演讲，有可能和他的投资人在一对一开会。布拉德通常会在中断后向大家致歉，并解释我们的约定：无论我什么时候给他打电话，他都要接。迄今为止，还没有人拒绝这样的行为或者感到被冒犯。我知道很多人也采用这个约定。我同样会注意布拉德当时的时间和场合是否合适，打电话的时候尽量简短。

当布拉德外出时，他会尽力每天给我送一些东西。有时候是从他在的地方寄一张明信片，例如他曾经在明信片上写道“爱在西雅图”。在机场的时候，布拉德会快速地逛当地的礼品商店，匆忙地找一些当地非常可爱的明信片——每天一张，晚上把它们放在床边。第二天醒来后，他快速地填好明信片，然后放在桌子上，这些明信片就会很快寄到家里。有时候，他用鲜花代替明信片，或者鲜花和明信片都送。

我们还有一些标志性动作和小默契。我们都会彼此经常或随机地说“谢谢”和“我爱你”。我们会谈起对方做的美好的事情。我们会彼此分享一些家人、朋友的美好事情，让我们地心情更好。这些都不是强制的或者虚伪的。在一起 20 年，这些小事成了我们沟通的核心，加强了我们对彼此的爱。

我们养了两只巨型金毛猎犬，我们和狗狗都会全神贯注地关注对方，尤其是手中拿着食物的时候，我们把这叫作“金毛猎犬之眼”。布拉德意识到，我喜欢被金毛猎犬注视。当我们倾听彼此的时候，都会用耳朵和眼睛全神贯注地听。

不同的人对浪漫有不同的理解。如果她觉得送花是一种浪费和无用的事情，那就不要送。如果他不喜欢享用高级食物，那就不要在约会的时候选择最高档的餐厅。不要把你认为浪漫的事情强加给你的伴侣。相反，换位思考，做你的伴侣认为浪漫的事情。换位思考下，当你的伴侣在做些什么的时候，要对他 / 她的这些努力表达感激，即使这些努力有时候会功亏一篑。从某种意义上来说，这些努力都算数，都要给你的伴侣加分。

浪漫的经营可以也应该是有趣的。不要担心把性和浪漫混在一起。给你的伴侣一些指点，告诉他 / 她你的某些性喜好。但不要强行把性和浪漫关联在一起。不要因为你为伴侣做出的浪漫行为，就认为他 / 她有义务和你发生性关系。这会破坏你们之间的关系。

你和你的伴侣都会不可避免地令对方失望，尤其是在浪漫的环境中。例如错过结婚纪念日、错过生日、心烦意乱的一次外出晚餐，或者计划好的事情在最后一分钟被一个电话中断，这些都会发生。我们都遇到过这些事情，我们从中得到的教训是，没有必要把它变成一次受伤的约会，这没有价值。与其用你伴侣的后悔和罪恶感取代你们的浪漫时刻，不如快速地原谅他 / 她，同时表达你已经原谅他 / 她了。你的伴侣将会非常感激，并在下一次努力做得更好。

目标导向

你可能不会同意需要把目标导向引入性生活，用电子表格来跟踪相关数据，但是主观的情绪会被客观的信息调节。如果你同意记录相关的数量、频率和行为种类，你将会看到一个创业者伴侣是否达到目标。这是一种预先防止抱怨情绪和被指控忽略对方的好方法。

在我们刚开始在一起的时候，我们列了一个彼此喜好的清单，从细微的、日常的、逐渐积累的事情，如向对方说“我爱你”到周末的惊喜。我们用这个列表来构建彼此在浪漫关系上的努力的基本模式，并且一次又一次地优化。我们一有时间就坐下来，拿一张白纸，交流那些我们喜欢做但还没有做的事情。

其中有几年，我们在厨房里放了一个存钱罐。每次我们做爱后，就会放进一美元。如果这是一次非常美妙的性爱，我们就放五美元到储钱罐里。在年末的时候，我们会用里面的钱去享用一顿美好的晚餐。我们用这种客观的方式来记录美好的时光。很多年后，我们用另外的有趣方式来计量，例如每次我们达到高潮时，我会在我的闹钟上贴一个爱心。

如果你们中的一个人感觉到性没有得到满足，和你的伴侣沟通。下面是电影《安妮 · 霍尔》(*Annie Hall*) 的场景：

（阿尔维和安妮在分割屏幕的两侧同时分别去见他们的治疗师。）

阿尔维的治疗师：你们多久睡一次？

安妮的治疗师：你们经常做爱吗？

阿尔维：（叹息）几乎没有，可能一周三次吧。

安妮：（恼怒）太频繁了。我得说有一周三次。

再强调一遍，一定要沟通，常常在一起沟通。

性爱上的冲突

性爱可能是夫妻关系中最大的冲突来源之一。多年来，我们经历了各种不同的性爱冲突。公开讨论、一起去克服，这是我们成功的夫妻关系中非常重要的一部分。

在我和布拉德刚开始在一起的时候，需要去处理他因为前妻的不忠行为带来的婚姻破裂相关的事情。我们一开始就对不忠行为达成了一致——无论是身体还是情感的——都是不可饶恕的行为。因为有约定在先，虽然在创业生活中不可避免地分开，也很容易去处理。因为我们从来不需要关注对方在什么地方，和谁在一起，这样就不用自找麻烦了。

在两性关系中，每个人的性体验是有差异的。对于我们渴望尝试的一些特定的事情，每个人的容忍度和渴望度也是不一样的。当任何一个人感到不舒服或者对这件事情不感兴趣，我们都会告诉对方，一起来讨论，决定其是否要存在于我们共同的两性生活中。如果我们决定不采用（这是会发生的），彼此不会抱怨，只是相互理解对方，不做这件事情是可以接受的。

我们的亲密好友沃伦·卡茨补充了一些他们在长期关系中的思考。

对创业者来说，这是一个非常有趣的、需要我们经常辩论、反复面对和思考的话题。

最容易出现的问题通常是创业者会被公司或商业机会吸引，在投资回报率和变现途径这些会议上探讨的主题面前，情感相关的议题就显得黯然失色。在商业方面一个人可以很容易计算出究竟是保持现状还是向前推进更好，然后由别人来做决策。

最难评估的关系是有关你的配偶和家人的。创业者通常会存在一般夫妻都有的问题，还掺杂着很多不堪重负的压力。

- 创业者通常是最疯狂的工作狂。
- 即使不是最疯狂的工作狂，他也期望比自己身边的人工作得更多。
- 期望自己的配偶可以减轻自己一天的压力，而不是增加压力。
- 很多可能导致家庭未来财务损失的问题（无论是用以支持公司的过多贷款，还是把净资产过多地投入在一件事情上）。
- 创业者的自负和财务成功（我为什么不能同时拥有一个家庭和一堆情人）。
- 配偶在财务上的权利意识（如果他需要花费所有时间在创业上，我将要用珠宝、汽车和皮衣等来打发我的无聊生活）。

是的，我见过很多创业者朋友们几乎所有可能的结果：坚定不移的长期一夫一妻的美好关系；冷酷的、不相信永恒关系的自我中心者；表面上是夫妻却彼此都有各种小秘密的；因为孩子或利益考量而延迟离婚，最终还是离婚的；因为暴力快速分居，却在财产上进行旷日持久的痛苦战争的；再婚娶了一个花瓶的老婆。

因为篇幅有限，我不能在文章中列举所有的类型。先分享一下我观察到一个非常重要的、创业者典型的性格特征：他们通常在做决策的时候都表现得非常强势。绝大部分时候，创业者通常都在扮演管理者角色，他们被无数次地教导：一个糟糕的员工通常带来更坏的结果，而不是更好的结果；他们经过无数次努力来解决这个糟糕员工的问题，但却一次一次地被伤害。很多创业者都有一种本能，那就是客观地评估所有的可能性，并立即采取行动。一个经常被引用的格言是“开除员工从不嫌早”。我们可以清楚地看到，创业者将把这种客观视角和快速行动风格应用到个人生活中，尽管个人生活中包含着情感因素（在公司里也存在情感因素）。大部分创业者都不愿意被一些长期问题束缚。

现在，我来分享自己的故事：我在 1988 年遇到我可爱的妻子伊拉娜。那时候我刚从大学毕业，还没有开始创业，并且还有负债。我 1990 年开始创业，1993 年结婚，整个过程她都非常支持我，我们决定永远不要孩子。她从来不会非常自私地需要我的陪伴。当对她是爱我这个人还是爱我的钱这件事情感到疑惑时，我只要回忆起我们在 1993 年还开着一辆生锈的道奇柯尔特汽车就知道了。

她爱我，这让我感觉非常欣慰。随着我个人财富的增加，她期望我能多陪陪她，伊拉娜依然非常朴素，没有乱花钱的习惯或爱好。看着她在小卖部为了 10 美分的优惠讨价还价 20 分钟，还真是一种非常有趣的浪费，我喜欢这种根深蒂固的本能。伊拉娜对金钱最大的焦虑就是她的丈夫养成了浪费的习惯，她为我乱花钱而担心，这是有益的互补。

我们关系里最大的问题是，由于极度的自我意识作祟，我非常迷恋女人。尽管在撒谎或有小秘密的时候，我会让伊拉娜知情，尽可能地让她参与，让她可以掌控，最终我还是要做一个选择。经历过很多的起起落落后，我最终承认我再也不想让自己变成一个色鬼了，而且那些对我感兴趣的、有吸引力的女人，并不是对我不可抗拒的男子汉气概感兴趣。所以，我的婚外性经历就要成为历史了。尽管被迫做出这样的决定，我意识到自己有些失望，但随着时间的推移，我心里开始越来越平静了。因此得到的益处明显超过做出的牺牲。

是的，我坚持下来了，我很高兴自己做的那个决定。

沃伦·卡茨，Mak 科技公司创始人

伊拉娜·卡茨，小说家，波士顿地铁小提琴手

隐私有不同的类型，有的基于性别，有的基于性格。早些时候，我们发现在公共场合评价别人的性时会用一些不雅的词，或者缺少方法。很多人把性当成隐私。但同时，我们觉得可以和亲近的朋友沟通性的积极方面，特别是当一个朋友因为自己的性生活痛苦挣扎时。有时，我们会在公共场合说一些伤害对方的话。当这种事情发生的时候，受伤害的伴侣需要在下一次两个人单独在一起的时候提

起这件事，并清楚地表达自己因为这些说法受到了伤害。造成伤害的那一方需要接受这样的声明，道歉，然后才能继续向前。

时间和疲惫也是冲突的来源之一。我们会发现彼此没有生活在同一节奏上；我的荷尔蒙在下午非常活跃，那个时候布拉德在工作；当布拉德想在睡觉之前来一次快速的性爱时，我认为这个时候没有什么比睡觉更重要。我们尽量倾听对方，在做爱的时间上达成一致。尽管布拉德内心的那个 14 岁大的男孩不能想象在他对性没兴趣时赤身裸体地躺在一个女人旁边，但是当它发生的时候，都是可以接受的。

保持激情

我们无意成为你们的性治疗师，只是有一些保持激情的建议。

如果你们暂时没有性生活，或者从来没有得到满足，安排时间，找一个安全的地方，好好谈谈。我们曾经历过关系的干旱期。我们意识到，如果超过一个月没有成人游戏，将有一些事情会发生。通常没有事情发生，但至少要通过沟通重新点燃激情。但是，很多时候有些事情会困扰我们，尽管说不清楚究竟是什么，通过沟通才能让这些困扰浮出水面。通常，在一个特定的时刻，这是我们特殊的优先事项。这把我们和彼此的关系都带回到最优先的焦点上。

我们用一些幽默的小提示给对方惊喜。有一天，布拉德带回家一本《纽约客》（*The New Yorker*）的卡通版，放在他书桌的键盘上，标题是“婚姻中的爱经”。书里说的是：当男人打开洗碗机的时候，女人就要过来，因为男人开错了。这被称为“洗碗机体位”。20 多年过去了，我们仍然没有真正掌握这种体位，但这种幽默感、这个漫画表明了我们的共同努力，这非常有帮助。

随着我们开始变老，我们开始探索不同的节奏。不像电影里那样，也不像我们年轻的时候住在一居室的公寓里那样，我们不再冲进屋子里，撕掉对方的衣服，在卧室中间做爱。取而代之的是，我们回到家，遛一会儿狗，走一遍每天晚上要走的路，放满一浴缸水，一起躺一会儿，仿佛让一天的尘埃被洗净一样。这个时刻是安静而亲密的。尽管这不能给我们带来气喘吁吁的性高潮，当我们爬上床、拥抱在一起的时候，我们知道这就是那个激情时刻。

第十四章　完满人生的秘诀：活在当下

Surviving and Thriving in a Relationship with an Entrepreneur

在美国文化中，完满并不是一个泛泛的概念。年幼的时候，我们被教导要奋斗，要达成目标，要获得更多。我们无休无止地和邻居比较，努力跟上这些“别人家的孩子”。我们对成功的渴求永远没够——我的第一家公司只卖了区区 100 万美元——下次一定要赚更多。我们的汽车还不够贵；我们的玩具还不够新潮，不是最好的；我们的房子还可以更大。

对于很多创业者和伴侣来说，第一次商业上的成功是一个关键时刻。有些创业者是从自己家里得到资金支持发展起来的，更多的则没有。他们在开始创业的时候没有钱，家里连个床垫都没有，开着一辆几乎不能启动的汽车，在事情进展不顺利的时候，他们每一分钱都省着花。首次创业者的生活是非常令人兴奋和紧张的，但不会是奢侈的。

很多创业者在成功之前经历了很多年的煎熬，当成功来临时，通常非常突然。那时候你的银行账户里没有一分钱，还有很多的债务，通常只有很少的收入来勉强维持收支平衡。接着你的公司被收购了，一夜之间，你的账户里有了七位数、八位数甚至九位数的收入。

这会让人失去方向。之前，你不用花时间来管理金钱——即使去 ATM 取钱的时候都是带着焦虑的，因为担心没有钱可取了。打开信用卡的账单邮件时，你总是期望有人可以支付自己本应该承担的利息。现在，有很多理财经理、投资顾问和家族办公室打电话希望帮助你。

慢下来

很多成功的夫妻给我们打电话咨询，我们的第一个建议是“慢下来”。在第一个 90 天内，不要做任何决定。“让钱赚钱”“和理财经理签合同”“制定一个投资策略”会让你觉得紧迫和有压力。在一个宏大的计划中，90 天不算什么。深吸一口气，享用一些美食，但一定要慢下来。不要对任何人做任何承诺。

10% 的原则

创业者的成功不可预见，我们把它描述为“天上掉下来的钱袋子砸到了他的脑袋上”。当然，作为创业者和投资人，布拉德工作非常勤奋，但是什么时候可以成功依然是完全无法预见的。我们原来的现金流只够每天的生活，但是当钱袋子从天而降时，我们遵循了 10% 的原则。

我们会把收入的 10% 花在一些奢侈的事情上。一开始，这一数字可能意味着一辆车、一件我们刚刚买得起的艺术品或者一套房子。通过 10% 的原则，我们不用为如何花钱挣扎了，因为额度是固定的、提前确定好的。刚开始的几次，我们把钱花在了非常好的、对刚刚获得的成功的庆祝上，这是一种分享辛勤工作成果的方式。因为我们提前分配好了 10%，在花的时候就没有罪恶感。我们也都没有私房钱的困扰。我们做到了。

事实上，高于 10% 的预算也是可以的。我们只是简单地把税后收入扣除 10%——分成 90% 的现金和 10% 的特殊消费。我们为买来的这些东西命名——把房子叫作“AmeriData”，把车叫作“NetGenesis”——作为纪念。

在你第二次创业时，需要省吃俭用吗？

很多创业者在第一次创业成功后不会就此作罢。有的人穷其一生都在运营自己的公司，大部分都是以退出结束，尤其是他们的公司被收购后。创业者就是和开办公司联系在一起的——这就是他们的人生——通常距离下一个创业的想法萌芽不会太久。

现在，你们住在豪宅里，睡在舒适的大师床上，开着豪车，可以去任何想去的高级餐厅用餐，坐飞机头等舱。你可以毫不犹豫地在旅行时住 500 美元一晚的酒店。作为夫妻，你们已经习惯了由一大笔钱带来的舒适生活。

当你走进黑暗、狭小的新办公室，意识到之前美丽的办公室和这个鬼地方是多么的不协调时，你需要努力让第二家公司顺利起步。这种差异虽然让人困惑，但是却很有力量。

初创公司就是初创公司。尽管有很多钱可以挥霍，但是每一分钱都很重要。在一开始就奠定的文化基础——关于初创公司如何花钱——随着公司的发展作用会迅速放大。这次创业，你可能有了很多的资源，但创业目标依然是用最少的钱尽可能快地向前推进。比节俭更重要的是设定一个原则。

不必把这些和你的个人生活联系在一起。不必只是为了表现给未来的员工看，就缩减你的日常花费。你从上一笔生意中获得了成功，赚到了很多钱——那就享受它们。把个人享受和生意区分开。

最好的创业者对这些事情都是经过深思熟虑的，不是他们怕别人说三道四，而是因为这有助于减少不和谐。如果你习惯了坐头等舱，但是你希望公司的每个人坐二等舱，那就让公司为你付二等舱的钱，剩下的你自己支付；或者让公司给你买二等舱，然后自己升舱。你要和你的员工住在一家酒店。记住一个简单的规则：如果你不希望公司为所有员工的奢侈买单，而又想有更好的享受，很简单，你自己支付中间的差价。

多少才算是富足？

很多年前，我们和另外一对企业家夫妇一起用餐。那个丈夫已经开始了他的第二次创业，他的第一家公司已经上市了。他还是在全世界飞来飞去，努力地工作。在席间，关于富足的讨论开始了。布拉德说道：“我已经有足够的钱了——我现在是为别的事情工作。”我们的朋友反驳道：“如果我有 1 000 万美元存在银行，我就知足了。”那时候，我们的银行存款离 1 000 万美元还差很远。还记得，当时我们从椅子上跳了起来，紧接着对富足究竟意味着什么做了一次深入沟通。

很多年后，我们又一起见了这对夫妻。他创办了第三家公司——尽管他已经不参与了，但这家公司已经因为他之前的参与快要成功了。同样的话题又被提及。这一次，这个神奇的数字变成了 2 000 万美元。“是什么让这个数字从 1 000 万美元变成了 2 000 万美元？”布拉德问道。“我觉得 1 000 万美元还是不够。”朋友回答。我们又交谈了一会儿，但始终没有找到数字变化后面的根源。

我们的朋友继续成功，资产迅速超过了 2 000 万美元。但他还在不停地创业。他有很多成功的记录，他受邀作为董事会成员、天使投资人，同时还是一个全职的 CEO。他的家庭成员在增多，他有很多漂亮的房子，非常健康，拥有很好的人际关系。

一天，他遭遇了一场意外，后背受了伤。很幸运，他在一年内就完全康复了。这是一次小小的事故——如果稍微偏了一点儿，他就会变成终身残疾或者可能死亡。

从事故中走出来后，他意识到自己已经拥有很多了。他决定退休，去养育孩子，花更多的时间和妻子在一起，更多地旅行，和能引发他激情的人一起工作。通过这次可能的人生悲剧，他认识到，富足和金钱没有关系。

退休意味着什么？

美国传统意义上的“当你拥有一块金表，你便可以退休”的观念并不适合企业家。对于企业家，如果他们想要金表，他们早就能买得起了。企业家很少会等着别人施舍。企业家每个月等着领退休金，通常会被看成是无能、搞笑甚至难以启齿的事情。在企业家的字典里，没有退休这个词。

这本书出版的时候，布拉德就 47 岁了。[⊖]他 19 岁时就作为创业者开始努力工作。我们期望他在退休后还能努力工作，这来源于他内在的对自我成长的驱动。但我们曾经常常会谈到这背后的意义是什么。他会继续负责一家软件或互联网创业公司？还是专注于金属雕塑或实景盆景？

我们决定，不要等到退休才去享受那些我们应该做的事情。我们经常休假，

⊖ 此书英文版出版于2013年。——译者注

延长一同旅行的时间——一个月甚至更长——以及完全不工作的时间。为了生活更丰富，我们尝试在不同的城市生活。

我们另外有些朋友会在公司出售后退休一段时间。其中一个花了一年的时间，带着妻子和十几岁的女儿们一起环游世界。另外一个花了一个夏天，读了很多伟大的著作。还有的休息了几年，移居到另外一个国家，和家人一起学习一门新的语言，经历一种全新的文化。

退休对于企业家来说是一个差异性特别大的概念。人们常犯的错误不在于不退休，而是不明白不能退休与不退休的差别。作为伴侣，如果两人不去讨论这件事情，便会带来更深的误解。所以，我们需要去了解各自的期望究竟是什么。

你和你的伴侣想法不同？

我们都认为布拉德不会有整天都在打高尔夫和桥牌的时候。但是在“布拉德何时才能稍微不那么忙碌”这个问题上，我们有不同的意见。我希望那一刻能早些到来。很多年前我们便开始讨论此事，并且发现，虽然身为夫妻，但在这个问题上，我们的想法完全不同。

在这件事情上，布拉德不对结果做明确的承诺，这和他的性格、信念比较一致。他觉得激情消逝人如同死亡，这也是我们想法的一个关键不同。虽然我认同他的某些观点，但也不愿无限期地去推迟要做之事。当布拉德没有明确要退休也没有任何时间节点时，我便开始忧心他的工作狂了。

具体来说，工作是布拉德人生的中心。有时候，很难说这是因为雄心壮志、醉心工作、心理驱动力，还是因为逃避人生中别的需要处理的事情。对我来说，这是不能接受的，不管是无休止地以同样的方式做事，还是布拉德成为只会赚钱的充满铜臭的企业家。

我们都向彼此表达了这一点。每年我们都会展望接下来的一年，讨论接下来 12 个月将会有的工作节奏。我们同样需要讨论时间的安排，得出的结论是：逐渐减少在工作中投入的时间。我们商量好布拉德在 60 岁时退休，当然不是在他 60 岁生日那天就突然退休，而是在未来 13 年里我们将调整安排时间的方法，特别是花在工作中的时间。所以当布拉德 60 岁时，可以自然地进入一个全新的工作模式。

就像我们在本书中讨论的很多事情一样，这不是件容易的事情，并且可能会不断变化。我们可以把时间变成 55 岁，也可以延长到 65 岁。或者我们可以完全重新定义，尽快把自己的主要精力集中在一些特定的活动上，让那些现在我们觉得重要的事情逐渐退居二线。通常，我们会开诚布公地、定期地沟通这些事情，确认我们是否想法不同，然后努力向着同一个目标前行。这非常重要。

我们也会做一些很多人可能只有退休以后才做的事情，例如布拉德还在工作的时候，我们就曾在欧洲一起度过了八周时间。当时很多朋友都到我们在意大利租住的地方来，让我们的假期过得非常特别。我们会将布拉德的生日庆祝至少持续一个星期，找一些有趣的地方，例如斯科茨代尔、墨西哥等，邀请 15~20 位朋友参与。

一直聚焦于你重视的目标和价值观——我们期望的是幸福人生、快乐工作和彼此相爱——不是一件容易的事情。

实践，实践，实践

通过这本书，我们列出了很多需要思考和尝试的事情。有些可能不适合你和你的伴侣。也可能你有很多我们没有的新想法，或者各种各样与我们的建议完全不同的主意。希望你能有意识地去尝试，开放地去探索哪些有用、哪些没用。希望你有动力去持续改善你们的关系，随着时间的推移而获得一种持续、幸福的关系。

实践可能不会让我们变得更完美，但是它有助于为我们的爱情保鲜。我们希望实践能帮助你们更好地共度人生旅程。

参考文献

沟通与性别

Tannen, Deborah, PhD. *You Just Don' t Understand: Women and Men in Conversation*. New York: Ballantine, 1990;Quill, 2001.

Tannen, Deborah, PhD. *Talking from 9 to 5: Women and Men at Work.* Avon, 1994.

企业家精神

Feld, Brad, and David Cohen. *Do More Faster:TechStars Lessons to Accelerate your Startup.* Hoboken, NJ: John Wiley & Sons, 2010.

Hirshberg, Meg Cadoux. *For Better or for Work: A Survival Guide to Entrepreneurs and Their families*. An Inc. Original, 2012.

Roberts, Ed. *Entrepreneurs in High Technology: Lessons from MIT and Beyond*. Oxford University Press, 1991.

婚姻

Gray, John. *Men Are From Mars, Women Are From Venus: A Practical Guide for Improving Communication and Getting What You Want in Your Relationships*. New York: Harper Collins, 1992.

Pope, Tara Parker.*For Better: How the Surprising Science of Happy Couples Can Help Your Marriage Succeed*. Dutton Adult, 2010.

Szuchman, Paula, and Jenny Addison. *Spousonomics: Using*

Economics to Master Love, Marriage, and *Dirty Dishes.* New York: Random House，2011.

冥想

Brantley，Jeffrey，and Wendy Millsteine. *Five Good Minutes with the One You Love:100 Mindful Practices to Deepen and Renew Your Love Every Day*. New Harbinger Publications，2008.

Brantley，Jeffrey，and Wendy Millstein. *Five Good Minutes: 100 Morning Practice to Help You Stay Calm and Focused All Day Long.* New Harbinger Publications，2005.

Brantley，Jeffrey，and Wendy Millstein. *Five Good Minutes in the Evening:100 Mindful Practices to Help You Relive Stress and Bring Your Best to Work.* New Harbinger Publications，2007.

Brantley，Jeffrey，and Wendy Millstine. *Five Good Minutes in the Evening:100 Mindful Practices to Help You Unwind from the Day and Make the Most of Your Night.* New Harbinger Publications，2006.

Brantley，Jeffrey，and Wendy Millstein. *Five Good Minutes in Your Body: 100 Mindful Practices to Help You Accept Yourself and Feel at Home in Your Body*. New Harbinger Publications，2009.

Chodron，Pema. *Comfortable with Uncertainty: 108 Teachings on Cultivating Fearlessness and Compassion*. Shambhala，2008.

Chodron，Pema. *When Things Fall Apart: Heart Advice for Difficult Times*. Shambhala Classics，2000.

Chodron，Pema.*The Places that Scare You: A Guide to Fearlessness in Difficult Times*. Shambhala Classics，2008.

Hanh，Thich Nhat. *Happiness Essential Mindfulness Practices* Parallax Press，2009.

Hanh，Thich Nhat. *Peace Is Every Step:The Path of Mindfulness in Everyday Life*. Bantam，1992.

Kabat-Zinn，Jon. *Mindfulness for Beginners:Reclaiming the Present Moment-and Your Life*. Sounds True，2011.

Kabat-Zinn, Jon. *Full Catastrophe Living: Using the Wisdom of Your Body and Mind to Face Stress, Pain, and Illness.* Delta, 1990.

道德

O' Klley, Eugene. *Chasing Daylight*. New York: McCraw-Hill, 2005.

Pausch, Randy. The Last Lecture. New York: Hyperion, 2008.

个人财务

Orman, Suze. *The 9 Steps to Financial Freedom: Practical and Spiritual Steps So You Can Stop Worrying*. New York: Crown, 1997.

Orman, Suze. *Suze Orman's Action Plan: New Rules for New Times*. Spiegel & Grau, 2010.

哲学

Arely, Dan. *Predictable Irrational: The Hiden Forces that Shape Our Decisions*. New York: Harper, 2009.

Bok, Sissela. *Secrets: On the Ethics of Concealment and Revelation*. Pantheon, 1983.

Bok, Sissela. *Exploring Happiness: From Aristotle to Brain Science*. Yale University Press, 2010.

Cain, Susan. Quiet: *The power of Introverts in a World that Can' t Stop Talking*. New York: Crown, 2012。

Connniff, Richard. *The Ape in the Corner Office: How to Make Friends, Win Fights and Work Smarter by Understanding Human Nature*. New York: Crown Business, 2005.

Duhigg, Charles. *The Power of Habit*. New York: Random House, 2012.

Gilbert, Daniel. *Stumbling on Happiness*. Vintage, 2007.

Lyubomirsky, Sonja. *The How of Happiness:A New Approach to Getting the Life You Want*. Penguin Press, 2007.

Rubin, Gretchen. *The Happiness Project: Or, Why I Spend a Year Trying to Singing in the morning, Clean My Closets, Fight Right, Read Aristotle, and Generally Have more Fun*. New York: Harper,

2009.

Rubin, Gretchen. *Happier at Home: Kiss More, Jump More, Abandon a Project, Read Samuel Johnson, and My Other Experiments in the Practice of Everyday Life*. Crown Archtype, 2012.

Sandel, Michael.*What Money Can' t Buy: The Moral Limits of Markets*. Farrar, Straus and Giroux, 2012.

Schwartz, Barry. *The Paradox of Choice: Why More is Less*. Harper Perennial, 2005.

Seligman, Martin. *Learned Optimism: How to Change Your Mind and Your Life*. New York: Knopf, 1991.

Seligman, Martin. *Authentic Happiness: Using the New Positive Psychology to Realize Your Potential For Lasting Fulfillment*. Free Press, 2002.

Seligman, Martin. *Flouring: A Visionary New Understanding of Happiness Well-Being*. Free Press, 2011.

积极心理学

Dweck, Carol. *Mindset: The New Psychology of Success*. New York: Random House, 2006.

Zolli, Andrew, and Ann Marie Healy. *Resilience: Why Things will Bounce Back*. Free Press, 2012.

浪漫

Godek, Gregory J P, *1001 Ways to Be Romantic*. Casablanca Press, 1992.

Godek, Gregory J P, *1001 More Ways to Be Romantic*. Casablanca Press, 1993.

Godek, Gregory J P, *10, 000 Ways to Say I Love You*. Casablanca Press, 1999.

Godek, Gregory J P, *264 Outrageous, Sweet, and Profound Questions*. Casablanca Press, 2005.

关于作者

Surviving and Thriving in a Relationship with an Entrepreneur

从1978年开始，布拉德就已经是一个早期投资者和创业者了。在联合创立 Foundry Group 之前，他创立了 Mobius 风险投资公司。在此之前他还创立了 Intensity 风投公司，这是一家帮助开发和运营软件公司的公司。再往前，当 AmeriData 科技公司收购了菲尔德科技公司之后，布拉德担任公司的执行总裁。布拉德于 1987 年联合创立了菲尔德科技公司，专门提供定制软件应用服务。布拉德还是 TechStars 的联合创始人。

现在布拉德为 BigDoor、Cheezburger、Fitbit、Gnip、MakerBot、MobileDay、Oblong、Orbotix、SEOMoz、StandingCloud 以及 Foundry Group 旗下 Yesware 的董事会服务。

除了在投资方面付出努力，布拉德还积极参与了好几个非营利组织。他现在是国家妇女和信息技术中心的主席、科罗拉多创业者联盟的联合主席以及周末创业者俱乐部董事会成员。

布拉德会在全美各地做演讲，主题是风险投资和企业家精神。他写了很多被广泛浏览的博客，包括 Feld Thoughts、Startup Revolution 和 Ask the VC。他写了四本书：《创业唯快不破》、《风投的技术》、*Burning Entrepreneur:How to Launch, Fund, and Set Your Start-Up on Fire!* 和创业园[⊖]。

布拉德从麻省理工学院拿到了科学学士学位和管理科学硕士学位。布拉德

⊖ 《创业唯快不破》《风投的技术》和《创业园》均已由机械工业出版社引进出版。——译者注

也是一个热心的艺术品收藏者，并且喜欢长跑。他已经完成了 23 次马拉松，他的目标是跑满 50 个州。

艾米是 Anchor Point 基金的常务董事。这个基金是关于艺术、教育、企业家精神、对话和环境、健康和人文服务、妇女和人类权利、国际发展、能力建设、先进的公共政策等方面的非营利组织。她是博尔德县社会风险投资合伙人联盟的联合创始人和合伙人，这个组织通过现金拨款和公益咨询的形式来提升非营利组织的实力，着重打造组织的能力和持续性发展。

艾米现在为韦尔斯利学院的托管人委员会的董事会服务（从 2009 年开始）。她负责韦尔斯利学院全球领导力项目下属的 Anchor Point 实习项目，每个暑假，这个项目会为四个学生提供资金支持，去非洲参加为期十周的实习项目。作为一个现代艺术收藏家，她从 2000 年开始还是博尔德县当代艺术博物馆的托管人，也为博尔德乳制品艺术中心的视觉艺术管理委员会服务。2000—2005 年，她作为托管人为博尔德县社区基金会服务。她现在是哈佛教育研究所院长领导力委员会的成员。

艾米的博客是 http://anchorpoint.blogs.com/，推特账号是 @abatchelor，Facebook 账号是 amy.batchelor。她正在写两本小说，*The North Side of Trees* 和 *Epicenter*，内容是关于 1964 年的阿拉斯加地震。

艾米 1988 年毕业于韦尔斯利学院，取得了政治哲学文学学士学位。她住在科罗拉多州的博尔德县，在基斯通、荷马和她的出生地阿拉斯加也都有家。她去过很多地方旅游，除了南极洲以外每个大陆都去过了。

艾米和布拉德在一起 22 年，经历了很多的起起落落，她认为两人在一起的时光都是难忘的。